초등
영어 그림책
수업 백과

초등 영어 그림책 수업 백과

초판 1쇄 발행 2025년 7월 11일

지은이 | 손지은
발행인 | 최윤서
편집 | 임현진
디자인 | 김수경
마케팅 지원 | 최수정
펴낸 곳 | ㈜교육과실천
저자 강의·도서 구입 | 02-2264-7775
인쇄 | 031-945-6554 두성 P&L
일원화 구입처 | 031-407-6368 ㈜태양서적
등록 | 2020년 2월 3일 제2020-000024호
주소 | 서울특별시 중구 창경궁로 18-1 동림비즈센터 505호

ISBN 979-11-91724-89-9 (13370)
정가 23,000원

저작권법에 따라 한국 내에서 보호를 받는 저작물이므로 무단 전재 및 복제를 금합니다.
저자 강의 및 도서 문의는 교육과실천 02-2264-7775로 연락 주십시오.

⬇️ 이 표시는 활동지입니다. 200개의 활동지를 다운받아 아이들과 행복하게 활용하세요.

교과서 표현대로 골라 쓰는
영어 그림책 활동 길잡이

초등 영어 그림책 수업 백과

손지은 지음

들어가며

잘 고른 책 한 권 열 교과서 안 부러운
영어 그림책 수업의 힘

"선생님, 저 그거 다 알아요."

영어 시간에 아이들이 자주 건네는 말과 눈빛입니다. 교과서가 너무 쉬워서이거나, 이미 알고 있는 내용을 자랑하고 싶은 마음이겠지요. 어릴 때부터 영어를 접해 온 요즘 아이들에게, 교과서가 보충 교재에 가까워진 교실 풍경도 이제는 낯설지 않습니다.

하지만 한편으로는 영어에 전혀 흥미가 없고 교과서의 기본 표현조차 버거워하는 아이들도 있습니다. 이렇게 다양한 수준의 아이들을 어떻게 한 교실 안에서 아우를 수 있을지, 어떻게 하면 모두에게 의미 있는 수업을 꾸릴 수 있을지 늘 고민하게 됩니다. 그 고민 끝에 제가 선택한 방법은 바로 영어 그림책이었습니다.

저는 아이들을 엄마표 영어로 키우면서 영어 그림책을 처음 접하게 되었는데요. 꾸준히 읽어준 영어 그림책은 생각보다 훨씬 더 큰 힘을 가지고 있었습니다. 그림책 속 이야기와 장면이 가랑비에 옷 젖듯 아이들에게 스며, 그들의 말과 글이 되는 과정을 지켜보았거든요. 아이들은 그림책을 통해 영어라는 새로운 언어에 자연스럽게 익숙해졌고, 문장 속에 숨어있는 패턴, 즉 문법 구조와 어휘의 쓰임새를 무의식적으로 습득하게 되었습니다. 그림으로 단어를 유추하고 문맥에서 표현을 이해하며 의미를 만들어 가는 과정은 그 자체로 깊이 있는 학습이었습니다. 영어 그림책은 단순한 읽기를 넘어 언어와 감정을 아우르는 진정한 배움의 통로가 되어주었습니다. 아이들과 교감하며 함께 성장하는 경험 또한 영어 그림책이 주는 큰 보람이었습니다.

그럼에도 불구하고 영어 그림책을 수업에 적극적으로 활용하는 것이 쉬운 일은 아닙니다. 학생들의 눈높이에 맞으면서도 교육과정과 연계된 그림책을 매번 찾아야 하고, 그에 어울리는 적절한 활동을 준비하는 일도 만만치 않기 때문입니다. 가끔은 '그림책 한 권 읽고 끝나버리는 수업이 아니라, 필요할 때마다 꺼내 쓸 수 있는 실용적인 자료가 있으면 좋겠다'는 생각을 하곤 했습니다. 이 책은 바로 그런 고민에서 출발했습니다.

교과서만으로는 다양한 영어 표현에 충분히 노출되기 어렵습니다. 교과서의 내용은 성취 기준을 달성하기 위한 예시 자료일 뿐이니까요. 더구나 실력이 뛰어난 아이들은 교과서의 정형화된 구성에 금세 흥미를 잃고, 수업을 너무 쉽거나 지루하게 느끼는 경우가 많습니다. 내용은 뒷전인 채 게임만 하는 시간으로 여기기도 하고요. 그렇다고 실력이 부족한 아이들을 고려하지 않은 채 심화 내용만 다루는 수업도 곤란합니다. 영어 그림책을 활용해 기본적인 의사소통 기능에 충실하면서도 표현을 확장할 수 있는 유의미한 활동이 뒷받침된다면, 서로 다른 수준의 학습자들도 함께 성장할 수 있을 것입니다.

이 책은 총 네 개의 장으로 구성되었습니다. 1장에서는 영어 그림책 활용 수업의 장점과 적절한 그림책을 고르고 읽는 요령을 안내합니다. 2장과 3장에서는 교과서의 표현과 연결된 영어 그림책을 소개하고, 학년별로 적용 가능한 수업 활동을 정리했습니다. 4장에서는 주제 중심 수업을 위한 영어 그림책과 그에 따른 활동을 다루었습니다. 또한 교실이나 가정에서 바로 활용할 수 있는 활동지도 함께 제공합니다.
'영어 그림책으로 수업을 해보고 싶은데, 교과서의 표현이나 주제와 연결되는 책이 뭐가 있을까?'

'영어 그림책을 읽고 나서 어떤 활동을 하면 좋을까?'
이런 고민이 들 때, 이 책이 곁에서 든든한 길잡이가 될 수 있다면 좋겠습니다.

좋은 그림책 한 권이면 영어 수업이 더 따뜻하고 깊어집니다. 우리가 아이들에게 들려줄 그림책은, 그들이 이미 경험했거나 경험하고 있거나, 앞으로 경험하게 될 삶의 이야기일 것입니다. 아이들 곁에 늘 가까이 닿아있는 그림책을 통해, 그들의 세상이 영어라는 언어와 자연스럽게 연결될 수 있도록 길을 열어주는 수업은 어떨까요. 영어 그림책은 영어라는 바다 앞에서 망설이며 바라보기만 하던 아이들이 용기 내어 발을 담글 수 있도록 도와주는 좋은 친구입니다. 영어를 어려운 과목이 아닌, 즐길 수 있는 언어로 느끼게 해주는 소중한 계기가 되어줄 것입니다.

아이들과 영어 그림책으로 수업하며 어린 시절의 저를 떠올렸습니다. 글을 읽다가 모르는 단어를 만나면 답답하고 점점 재미가 없어지면서 결국 영어책에 거부감만 가지게 됐던 기억 말이지요. 어릴 때 영어 그림책을 자연스럽게 접하지 못하고, 오로지 독해의 수단으로만 만났던 영어 문장이 긍정적으로 다가오지 못했기 때문이었습니다. 영어 그림책을 있는 그대로 즐기는 교실, 언어를 언어 자체로 즐겁게 받아들이는 아이들이 더 많아지기를 바라는 마음에서 쓴 이 책이, 영어 그림책 수업을 고민하는 독자님께 작은 힘이 되기를 소망합니다.

2025년 여름
영어 그림책으로 성장할 모두를 응원하며

목차

1장 영어 그림책 수업의 준비

1 왜 영어 그림책일까요? — 17
  - 재미있는 학습 도구 — 17
  - 언어적 감각 습득 — 18
  - 효과적인 읽기 수단 — 18
  - 학습자 중심의 전개 — 19
  - 시각적 학습 효과 — 19
  - 문학작품으로서의 가치 — 20
  - 영미권 언어와 문화의 간접적인 경험 — 20

2 어떤 그림책을 골라야 할까요? — 21
  - 진입장벽이 낮고 쉬운 책 — 21
  - 반복되는 표현과 패턴이 있는 책 — 21
  - 호기심과 상상력을 자극하는 책 — 22
  - 글밥이 많지 않은 책 — 22

3 어떻게 읽어주어야 할까요? — 23
  - 책을 스캔해서 읽어주세요 — 23
  - 목소리를 바꿔가며 읽어주세요 — 24
  - 핵심 표현을 강조해서 읽어주세요 — 24
  - 영상이나 음성자료를 활용하세요 — 24
  - 천천히 읽어주세요 — 25
  - 원어민 교사의 도움을 받으세요 — 25

4	영어 그림책 수업 Q&A	— 26
	- 어휘학습은 언제 하는 것이 좋을까요?	— 26
	- 아이들이 영어 그림책을 어려워하지 않을까요?	— 27
	- 어떻게 하면 아이들이 영어 그림책을 좋아하게 될까요?	— 27
	- 영어 그림책은 주로 몇 차시에서 활용해야 할까요?	— 28
	- 영어 그림책을 읽고 독후 활동이 꼭 필요할까요?	— 29

2장 읽기의 첫걸음! 중학년 그림책 수업

1	알파벳의 모양과 소리 〈Alphabet Animals〉	— 31
	#음가 #그림글자 #조작북	
2	인사말 하기 〈Goodbye, Friend! Hello, Friend!〉	— 36
	#만남 #이별 #학기초	
3	무엇인지 묻고 답하기 〈Not a Box〉	— 39
	#상자 #상상력 #가이젤상	
4	색깔을 묻고 답하기⑴ 〈Pete the Cat, I Love My White Shoes〉	— 43
	#긍정 #신발 #고양이피트	
5	색깔을 묻고 답하기⑵ 〈Lemons Are Not Red〉	— 47
	#사물 #감각 #추측	
6	좋아하는 것을 묻고 답하기 〈Ketchup on Your Cornflakes?〉	— 50
	#음식 #조합 #닉샤렛	
7	물건의 개수를 묻고 답하기 〈How Many Legs?〉	— 54
	#동물 #계산 #그래프	
8	물건을 가지고 있는지 묻고 답하기 〈Let's Go for a Drive〉	— 58
	#준비 #재구성 #가이젤상	
9	동물의 이름과 특징을 묘사하기 〈Dear Zoo〉	— 62
	#반려동물 #형용사 #타이포그래피	

10	지시하거나 금지하기 〈David Goes to School〉	— 66
	#규칙 #학교생활 #데이비드섀넌	
11	물건의 주인인지 확인하기 〈Biscuit and the Lost Teddy Bear〉	— 70
	#강아지 #인형 #낭독	
12	감정이나 상태를 표현하기(1) 〈How Do You Feel? (Anthony Browne)〉	— 74
	#고릴라 #기분 #앤서니브라운	
13	감정이나 상태를 표현하기(2) 〈How Do You Feel? (Patrick George)〉	— 78
	#감각 #풍선 #이모티콘	
14	함께 하기를 권유하기 〈The Rabbit Listened〉	— 82
	#위로 #경청 #제안	
15	시각과 일과를 표현하기 〈What's the Time, Mr. Wolf?〉	— 86
	#늑대 #조작북 #일과표	
16	무엇을 할 시간인지 표현하기 〈King Bidgood's in the Bathtub〉	— 90
	#욕조 #오드리부부 #칼데콧상	
17	요일을 묻고 답하기 〈The Very Hungry Caterpillar〉	— 93
	#애벌레 #음식 #에릭칼	
18	요일과 날씨를 표현하기 〈Mr Wolf's Week〉	— 97
	#늑대 #경험 #만화	
19	모양과 특징을 묘사하기 〈Hooray for Fish!〉	— 101
	#물고기 #형용사 #루시커즌스	
20	물건의 위치를 묻고 답하기 〈Where's Bear?〉	— 105
	#숨바꼭질 #전치사 #라임	
21	할 수 있는 것을 묻고 답하기 〈Can You Cuddle Like a Koala?〉	— 108
	#동작 #흉내 #존버틀러	
22	직업을 묻고 답하기 〈Clothesline Clues to Jobs People Do〉	— 113
	#빨랫줄 #단서 #퀴즈	
23	진행 중인 일을 묻고 답하기 〈I'll Wait, Mr Panda〉	— 118
	#음식 #호기심 #기다림	

24 원하는 음식과 맛을 표현하기 〈Lunch〉 ——— 122
#생쥐 #감각 #묘사

25 과일을 묘사하고 좋아하는 것을 예측하기 〈Handa's Surprise〉 ——— 126
#열대과일 #선물 #반전

26 좋아하는 일에 대해 표현하기 〈Things I like〉 ——— 131
#흥미 #취미 #관심사

3장 읽기의 도약! 고학년 그림책 수업

27 음식을 권하고 이에 답하기 〈Please Mr Panda〉 ——— 137
#제안 #수락 #예절

28 가장 좋아하는 것을 묻고 답하기 〈When I Was Five〉 ——— 141
#관심사 #회상 #변화

29 물건의 주인이 누구인지 묻고 답하기 〈Polar Bear's Underwear〉 ——— 146
#팬티 #무늬 #반전

30 달의 이름 알기 〈Hap-pea All Year〉 ——— 150
#열두달 #계절 #픽토그램

31 출신 국가를 묻고 답하기 〈My Cat likes to Hide in Boxes〉 ——— 154
#나라 #라임 #다문화

32 과거의 일에 대해 표현하기⑴ 〈Just Grandma and Me〉 ——— 158
#해변 #코믹 #매드립스

33 과거의 일에 대해 표현하기⑵ 〈Before & After〉 ——— 163
#추측 #글자 없는 그림책 #장줄리앙

34 허락을 구하기⑴ 〈Yes Day!〉 ——— 167
#어린이 #희망사항 #자유

35 허락을 구하기⑵ 〈May I Please Have a Cookie?〉 ——— 170
#끈기 #노력 #예절

| 36 | 가족을 소개하기 〈My Dad〉 | — 174 |

#비유 #싱케인 #앤서니브라운

| 37 | 외모와 생김새를 묻고 답하기 〈A Bit Lost〉 | — 179 |

#부엉이 #미니북 #크리스호튼

| 38 | 옷차림에 대해 묘사하기 〈Froggy Gets Dressed〉 | — 183 |

#프로기시리즈 #의성어 #패션

| 39 | 장소를 묘사하기 〈Bear at Home〉 | — 188 |

#곰 #집들이 #가구

| 40 | 감탄 표현하기 〈How Rude!〉 | — 192 |

#존중 #예절 #칭찬 달력

| 41 | 일상과 여가 활동을 표현하기 〈Every Friday〉 | — 197 |

#금요일 #아빠 #특별한 시간

| 42 | 아픈 증상에 대해 표현하기 〈I Feel... Sick〉 | — 201 |

#신체 #심화 #병원

| 43 | 증상에 대해 처방하기 〈Skeleton Hiccups〉 | — 205 |

#해골 #딸꾹질 #처방

| 44 | 비교하는 표현하기(원급) 〈Quick as a Cricket〉 | — 209 |

#동물 #비유 #나

| 45 | 비교하는 표현하기(비교급) 〈Animalphabet〉 | — 213 |

#동물 #퀴즈 #입체북

| 46 | 비교하는 표현하기(최상급) 〈We Are Growing!〉 | — 218 |

#개성 #장점 #가이젤상

| 47 | 감정의 원인을 표현하기 〈Why the Face?〉 | — 222 |

#추측 #플랩북 #장줄리앙

| 48 | 이유를 묻고 답하기 〈The Baghead〉 | — 227 |

#종이봉투 #엉뚱함 #소통

| 49 | 의무나 조언을 나타내기 〈Grumpy Monkey〉 | — 232 |

#심술 #감정수용 #친구

50 미래의 계획과 의지를 표현하기 〈Today I Will Fly!〉 — 236
#코꿀이시리즈 #보색맵 #버킷리스트

51 필요한 것과 할 일을 표현하기 〈It's My Birthday〉 — 240
#케이크 #나눔 #특별한 날

52 계획을 묻고 답하기 〈Are You Ready to Play Outside?〉 — 245
#미래 #스토리맵 #모윌렘스

53 원하는 일과 이유 표현하기 〈I Don't Want to Be a Frog〉 — 250
#현실 부정 #자아 #유머

54 장래 희망과 그 일에 대해 표현하기 〈When We Grow Up〉 — 254
#직업 #가능성 #멜라니월시

55 음식을 추천하고 평가하기 〈Piranhas Don't Eat Bananas〉 — 258
#피라냐 #라임 #오레오

56 누가 한 일인지 묻고 답하기 〈Who Sank the Boat?〉 — 262
#침몰 #추리 #교훈

57 생각이나 의견을 제안하기 〈10 Things I Can Do to Help My World〉 — 267
#환경 #지구 #실천 방법

58 빈도수를 묻고 답하기 〈Piggy Book〉 — 272
#집안일 #역할 분담 #성평등

59 초대하고 이에 답하기 〈That Is Not a Good Idea!〉 — 277
#경고 #상황극 #반전

60 의견을 묻고 답하기 〈Two For Me, One For You〉 — 282
#설득 #논리 #토론

4장 읽기에 날개 달기! 주제 중심 그림책 수업

61 대화와 소통 〈Not Now, Bernard〉 — 287
#가족 #관심 #ORID질문

62 우정 〈Little Beauty〉 — 291
#관계 #공감 #앤서니브라운

63 명화 감상 〈No One Saw〉 — 295
#예술 #관점 #화가

64 고유성과 친절 〈We're All Wonders〉 — 300
#기적 #친절 #편견

65 환경과 업사이클링 〈Joseph Had a Little Overcoat〉 — 305
#환경 #추측 #교훈

66 장애 인식 개선 〈Susan Laughs〉 — 309
#이해 #편견 #반전

67 편견과 고정관념 〈These Colors Are Bananas〉 — 314
#색깔 #추측 #다양성

68 감정의 수용 〈When Sadness Comes to Call〉 — 319
#슬픔 #공감 #위로

69 문화 다양성 〈My World, Your World〉 — 323
#차이 #수용 #QAR질문

70 용기와 성장 〈The Black Rabbit〉 — 327
#그림자 #두려움 #극복

71 다름과 긍정 〈It's Okay to Be Different〉 — 332
#자존감 #차이 #존중

72 자아존중감 〈I Am Enough〉 — 336
#가치 #긍정 #자아

73 어버이날 〈My Mum〉 — 340
#가족 소개 #비유 #아크로스틱

74   스승의 날 〈My Teacher Is a Monster〉 —344
　　　#선생님 #사제존중 #관계

75   어린이날 〈Grownups Never Do That〉 —348
　　　#어른 #이해 #풍자

76   나눔과 공존 〈Five Little Fiends〉 —352
　　　#자연 #소유 #원인과 결과

1장

영어 그림책 수업의 준비

1. 왜 영어 그림책일까요?

　누군가는 영어 그림책을 그저 재미로 읽고 누군가는 그림을 보고 표현을 유추하면서 영어를 배웁니다. 또 다른 누군가는 영어 그림책을 읽으며 위로받고 힘을 얻기도 하고요. 똑같은 책을 읽더라도 얻는 것이 모두 다르다는 건, 영어 그림책이 그만큼 폭넓은 장점을 가지고 있다는 방증일 것입니다. 영어 그림책이 왜 특별한지 그 이유를 알면, 영어 그림책 활용 수업이 더 깊어지고 풍부해집니다.

재미있는 학습 도구

　영어 그림책으로 새로운 표현을 익히면 단순히 상황만 제시하고 반복하는 학습에 비해 재미가 있습니다. 아이들의 시선을 사로잡는 매력적인 그림과 캐릭터가 등장하니 교과서나 문제집으로 딱딱하게 접하는 표현보다 훨씬 흥미롭게 느껴지는 건 당연한 일이지요. 재미가 있으니 자연히 집중하게 되고, 집중하여 읽은 이야기가 좋은 기억으로 남아 그림책이 더 재미있어지는 선순환이 이루어집니다. 이런 재미는 영어에 관한 관심으로 이어져 동기를 유발하고, 학습에 대한 긍정적인 태도를 지니게 합니다.

언어적 감각 습득

어휘력이 풍부하다는 것은 단순히 단어의 뜻을 아는 것을 넘어, 다양한 상황에서 흐름에 맞게 사용할 줄 안다는 의미를 포함합니다. 따라서 그저 단어만 많이 외우는 것으로는 표현력을 늘리는 데 한계가 있을 수밖에 없습니다. 맥락 없이 암기한 어휘는 적절한 문장으로 연결되기 어렵고, 활용의 범위도 제한적이니까요. 영어 그림책을 통해 익힌 어휘와 표현은 상황이나 장면이 함께 수반되므로, 그 어휘가 어떤 흐름에서 어떻게 사용되는지 자연스럽게 습득하게 되는 효과가 있습니다. 그런 경험이 누적되다 보면 어휘와 문맥을 연결 짓는 언어적 감각이 자연스럽게 길러집니다.

효과적인 읽기 수단

어린 학습자일수록 구두 언어를 문자언어로 연결해 줄 매개체가 필요한데, 그림책만큼 효과가 탁월한 수단도 없습니다. 오랜 기간 많은 양의 어휘를 외우고 적지 않은 글을 읽었음에도 여전히 말하기를 어려워하는 학습자의 모습을 보면, 사실은 '읽기'가 아닌 '독해' 위주의 학습을 해왔기 때문일 가능성이 클 것입니다. 독해가 문장을 문법적으로 분석하고 문자를 우리말로 옮기는 것이라면, 읽기는 맥락 안에서 의미를 만들어가는 과정입니다. 상황을 통해 텍스트를 받아들이거나 창조하는 연습을 하게 되는 셈이지요. 맥락을 헤아리고 이해하는 게 언어라는 점을 생각한다면, 그림책은 언어 학습을 위한 최고의 수단이 될 수 있습니다.

학습자 중심의 전개

교사는 책을 읽으며 아이들의 반응을 실시간으로 살피고 끊임없이 상호작용하며 읽기의 흐름을 만들어갑니다. 단순히 제시하기만 하는 것이 아닌 학습자 중심의 수업이 되게 하려는 노력이지요. 빠르게 지나가 버리는 영상에 비해 영어 그림책의 장면은 머리와 마음에 오래 남고 표현이나 주제에 대해 충분히 탐색할 여유도 있습니다. 이야기를 천천히 소화하는 과정에서, 학습하고자 하는 핵심 언어가 아닌 다른 표현이라도 문맥으로 대강의 상황을 짐작할 수 있는 단서를 만나기도 하고요. 이런 맥락에서 영어 그림책은 일방적으로 끌려가기 쉬운 영상에 비해 학습자가 주도적으로 의미를 이해하고 만들어가는 과정을 경험하게 할 수 있습니다.

시각적 학습 효과

그림책이 가진 큰 매력 중의 하나는, 글과 그림을 함께 보는 재미가 이야기의 활기를 더해준다는 점입니다. 아이들은 그림책을 볼 때 그림을 훑어보고 글씨를 읽어보는 식으로 번갈아 가며 내용을 파악하는데, 이 과정은 책을 읽는 내내 반복됩니다. 그림과 함께 의미를 받아들이는 과정이지요. 이렇게 시각적인 이미지와 함께 흡수된 언어 정보는 단순한 텍스트에 비해 장기기억으로 전이될 가능성이 크고 학습 효과도 높습니다. 화려하거나 선명한 색감의 그림체, 단순한 장면 묘사가 돋보이는 담백한 그림체, 따뜻하고 친근한 느낌의 그림체 등 그림작가의 의도가 깃든 그림들은 아이들의 마음을 움직이고 이야기와 더 깊이 교감하게 합니다.

문학작품으로서의 가치

영어 그림책은 표현의 습득 면에서도 실용적이지만, 문학작품으로서의 가치도 큽니다. 아이들은 글과 그림을 통해 심미적인 감상을 할 뿐 아니라 삶의 다양한 장면을 마주하게 됩니다. 등장인물의 상황을 자신의 삶에 대입해보면서 세상을 바라보는 새로운 시각을 얻기도 하지요. 또 아무리 짧은 이야기라도 생각할 거리를 주거나 작가의 메시지가 숨어있는 경우가 많아서 여러 번 읽을수록 작품을 더 깊이 받아들이게 됩니다. 그림책 안의 글과 그림들이 독자에게 끊임없이 말을 걸어주니까요. 글과 그림을 감상하는 동안 아이들은 자신과 타인을 만나고, 또 세상과 소통하며 성장합니다. 이런 문학적 경험은 비록 어른의 그것과는 다른 수준일지라도, 아이들의 눈높이에서 삶을 성찰하고 생각을 키우는 계기가 되어줍니다.

영미권 언어와 문화의 간접적인 경험

영어 그림책을 보면 영어권 나라의 화자들이 쓰는 표현이나 상황에 노출되어 자연스럽게 문화를 습득하게 됩니다. 이야기에 담긴 배경을 통해 문화를 이해하게 되기도 하고요. 국내에서 교육용으로 제작된 영어 교재가 정제된 형식의 언어만을 다루는 것에 비해, 영어 그림책을 읽으면 원어민들이 사용하는 좀 더 실제적인 표현을 접할 수 있습니다. 교과서나 어학 교재로는 접하기 어려운, 살아있는 영어를 경험할 통로인 셈이지요. 이야기에 녹아있는 영미권의 문화를 체득하고 우리와 같거나 다른 점을 간접적으로 느끼며 성장하는 과정은, 글로벌 인재를 기르기 위한 영어 교육의 거시적 목적과도 부합되는 부분입니다.

2. 어떤 그림책을 골라야 할까요?

수업이라는 제한된 상황에서는 조건 없이 많은 그림책을 읽는 것이 현실적으로 불가능합니다. 따라서 적절한 영어 그림책을 선택하는 것은 효과적인 수업을 위해 첫 단추를 제대로 채우는 것과 같습니다.

진입장벽이 낮고 쉬운 책

어려운 표현이 많거나 내용이 복잡하면 아이들은 잘 듣지 않습니다. 교사가 아무리 재미있게 읽어주려 노력해도 시선이 흐트러지며 딴짓을 하기 시작합니다. 내용이 이해되지 않으니 재미가 없고, 재미가 없으니 집중해서 듣기가 힘든 것이지요. 어려운 읽기 자료는 학습에 대한 아이들의 의지를 꺾어 버리는 방해 요인이 됩니다. <u>그림만으로도 핵심적인 내용의 짐작이 가능하고 줄거리가 전달되는 쉬운 책</u>이 가장 좋습니다.

반복되는 표현과 패턴이 있는 책

표현이나 패턴이 반복되는 그림책은 조금 어려운 내용에 대한 거부감을 줄여줄 수 있습니다. 또 같은 표현에 여러 번 노출되기에 장면과 연결하여 표현을 익힐 가능성이 커집니다. 패턴의 반복으로 인해 읽기가 지겨워지지 않을까 하는 걱정이 들 수 있겠지만, 아이들은 오히려 패턴에서 재미를 찾으면서 읽기를 즐기는 경우가 많습니다. 반복되는 표현은 이해 가능한 입력의 양을 늘려줄 뿐 아니라, 이야기 전개에도 리듬감을 더해주어 읽기를 더욱 재미있게 해주는 필수 요소입니다.

호기심과 상상력을 자극하는 책

어떤 책은 제목이나 표지만 보여주어도 아이들이 호기심을 보이거나 관심을 가지기도 합니다. 처음에는 큰 반응이 없다가, 한두 장 넘어가는 사이 결말에 대한 기대감으로 집중도가 높아지는 책도 있고요. 다음 장면을 추측해 가며 읽거나, 특정 시점에서 읽기를 멈추고 뒷부분을 상상하기 좋은 그림책도 수업에 활용하기 좋습니다. 아이들의 상상력을 자극하는 책, 어떻게 전개될지 궁금증을 유발하는 책은 자신이 영어 공부를 하고 있다는 생각마저 잊게 하는 최고의 자료입니다.

글밥이 많지 않은 책

글밥이 적다고 해서 읽기가 꼭 만만한 것은 아니지만, 글밥이 많으면서 쉬운 책은 잘 없습니다. 글밥이 많으면 한 장면에서 머무는 시간이 길어지므로 아이들이 지루해할 가능성도 큽니다. 특히 하위 학습자의 경우 문장이 조금만 길어져도 주의를 잡아두기가 쉽지 않습니다. 아무리 유명하고 좋다고 하는 책이라도, 펼쳤을 때 한눈에 보기에도 글밥이 많고 부담스러운 느낌이 드는 책은 피하는 것이 좋습니다.

3. 어떻게 읽어주어야 할까요?

똑같은 그림책을 보더라도 어떻게 읽어주느냐 하는 문제는 그림책에 대한 몰입도와 학습의 효과를 결정짓는 열쇠가 됩니다. 무엇보다 아이들이 그림책을 집중해서 듣고 읽는 과정이 선행되어야 이후에 이어질 활동도 유의미해질 수 있으니까요. 이는 결과적으로 알찬 방향으로 수업이 흘러가게 하는 밑바탕이 됩니다.

책을 스캔해서 읽어주세요.

실물화상기로 책을 보여주며 읽는 것보다는 스캔해서 읽어주는 게 좋습니다. 책이 없어 어렵다면, 책을 읽어주는 유튜브의 영상을 캡처해서 만들 수 있습니다.
각 챕터마다 제공하는 QR코드 영상을 활용하세요!
이 과정이 번거롭긴 하지만, 실물화상기를 쓸 때의 화면크기나 초점과 같은 변수가 줄어들어 더 안정적이기 때문입니다. 스캔한 책으로 읽으면 프리젠터로 페이지를 넘길 수 있으므로 동선이 자유롭고 읽기에 더 집중할 수 있습니다. 다만, 접힌 부분을 펼치며 읽는 플랩 형태의 책이나 손가락을 넣어 조작하는 종류의 책은 실물 책을 활용하는 것이 더 몰입도가 높습니다.

목소리를 바꿔가며 읽어주세요.

등장인물에 따라 목소리를 조금씩 바꾸어 아이들이 듣는 재미를 느끼도록 해주세요. 구연 실력이 뛰어난 교사라면 목소리가 너무 실감 나서 흥미를 갖기도 하겠지만, 때로는 어울리지 않거나 어색한 목소리 때문에 아이들이 키득거리며 듣기도 할 거예요. 어떤 경우든 집중해서 듣고 있다는 증거이므로 긍정적인 신호로 받아들일 수 있습니다. 그러므로 교사가 스토리텔링에 능숙하지 않다고 해서 너무 부담을 가질 필요는 없습니다. <u>같은 톤으로 이어지는 단조로운 이야기보다 그저 목소리가 다양하게 바뀌는 것에 아이들은 흥미를 느끼고 즐거워할 테니까요.</u>

핵심 표현을 강조해서 읽어주세요.

전체에 걸쳐서는 같은 크기의 목소리로 읽더라도 핵심 구문이나 문장이 나오는 부분은 강조해서 읽어주세요. 그러면 아이들이 이야기를 듣다가도 배워야 할 표현을 쉽게 알아차리게 되어 학습의 효과가 높아집니다. 이야기의 흐름을 유지하면서 <u>핵심 표현을 천천히 읽거나 약간 더 크게 읽는 식으로 포인트를 주면</u>, 학습해야 할 내용을 자연스럽게 받아들이게 할 수 있습니다.

영상이나 음성자료를 활용하세요.

교사가 직접 읽어줄 여건이 되지 않는다면 유튜브 영상을 활용할 수 있습니다. 책 제목과 read aloud(소리내어 읽기)를 함께 검색하면, 알려진 그림책 대부분은 원어민이 읽어주는 영상을 쉽게 찾을 수 있습니다. 이때 원어민이 화면에 함께 등장하는 것보다는 책의 그림과 글씨가 잘 보이도록 확대된 영상이 더 좋습니다. 유튜브의 영상을 이용할 때는 <u>미리 다운로드 받아 광고 등의 방해 요소에 주의가 흐트러지지 않게</u> 합니다.

천천히 읽어주세요.

천천히 읽으라는 것은 아이들이 내용을 이해하기 쉽게 도와주려는 목적도 있지만, 그림을 보며 장면을 받아들일 시간을 확보하기 위해서이기도 합니다. 이야기를 듣는 동안 아이들의 시선은 글과 그림을 왔다 갔다 하면서 내용을 파악합니다. 이때 교사가 너무 서두르면 아이들은 조바심이 나서 이야기에 충분히 빠져들기 어려워집니다. 그림을 충분히 탐색하고 이야기의 흐름을 따라갈 수 있게 기다려주세요. 글을 다 읽은 후라도 급하게 넘기기보다는 <u>약간의 호흡을 가지고 다음 장으로 넘어가면 글과 그림의 여유로운 감상이 가능</u>해집니다.

원어민 교사의 도움을 받으세요.

학교 원어민 교사에게 요청하여 그림책 읽어주는 영상을 촬영하는 방법도 있습니다. 원어민 교사와 매번 함께 수업할 수는 없으므로, 한국인 교사 혼자 수업해야 할 때 든든한 자료로 활용할 수 있습니다. 또 촬영한 영상을 아이들이 가정에서 활용하게 할 수도 있습니다. 이렇게 하면 수업에서 읽었던 그림책을 교실 밖 읽기로 확장하는 기회가 되어 학습의 효과를 높일 수 있습니다. 아무리 솜씨 좋은 이야기꾼(storyteller)이라 하더라도, 모르는 원어민의 목소리보다 우리 학교 원어민 선생님이 직접 읽어주는 그림책이 아이들의 동기를 유발할 가능성이 높습니다.

4. 영어 그림책 수업 Q&A

어휘학습은 언제 하는 것이 좋을까요?

영어 그림책을 읽을 때 어휘를 언제 학습해야 하는가에 대한 정해진 답은 없습니다. 그림과 표현의 연결이 직관적인 책은 어휘학습이 없어도 내용을 이해하는 데 무리가 없으므로 책을 먼저 읽고 나서 어휘를 나중에 살펴봐도 됩니다. 문맥을 통해 이해한 내용을 바탕으로 어휘나 표현을 강화하는 활동으로 이어갈 수 있기 때문이지요. 또 책에 나오는 어휘와 표현에 이미 익숙하거나 아이들의 이해도가 높은 편이라면, 읽기 후에 어휘를 짚어보는 것도 큰 문제가 되지 않습니다. 그러나 내용 파악을 위한 핵심 어휘에 노출된 경험이 적다면, 교사 수준에서는 아무리 쉽다고 느끼는 책이라도 아이들에게는 어려울 수 있습니다. 그럴 때는 읽기 전에 어휘를 먼저 살펴봄으로써 책 자체에 더 집중할 수 있게 도와주는 편이 낫습니다. 아는 어휘가 많아져 읽기가 만만해지면 내용을 더 깊이 있게 이해할 수 있고, 이는 읽기 후 활동에도 능동적으로 참여하게 하는 원동력이 되기 때문입니다. 어휘학습을 언제 하든지 간에, 그림책이 의미 있는 언어 입력 자료가 되기 위해서는 *학습자가 이야기의 흐름을 이해하고 재미있게 받아들일 수 있도록 기반을 마련해주는 것이 가장 중요합니다.*

아이들이 영어 그림책을 어려워하지 않을까요?

실력이 높지 않고 영어 그림책에 대한 경험이 많지 않은 아이라면, 완벽히 이해되지 않는 글을 읽는 것에 대해 충분히 거부감이 있을 수 있습니다. 실제로 교사가 책을 읽어줄 때, 문장이 끝날 때마다 모르는 단어의 뜻을 묻는 아이들도 있습니다. 그럴 때 아이들에게 그림책의 모든 내용을 샅샅이 이해할 필요는 없다고 말해주세요. 영어 그림책을 접한 경험이 적은 아이일수록 모든 내용을 이해하려 하거나 그렇지 못한 부분에 대해 불편해할 가능성이 큽니다. 알아들을 수 있는 부분은 그대로 즐기되, 나머지는 그림을 보며 상상에 맡겨보는 것도 괜찮다고 격려해 주세요. 우리글이 아닌 외국어로 된 책을 보며 모든 내용을 알지 못하는 것은 당연하다고도 말해주세요. <u>선생님의 격려가 영어 그림책에 대한 아이들의 긴장과 부담을 줄여줄 수 있습니다.</u> 그저 천천히 그림을 감상하는 것만으로도 충분히 좋은 공부가 된다고 알려주면 아이들의 태도가 훨씬 유연해질 거예요. 학습자의 정서적 여과막이 높은 상태에서 그렇지 않은 때에 비해 학습의 효과를 기대하기 어렵다는 것은 너무나 잘 알려진 사실입니다. 그러므로 모든 장면과 표현을 이해하지 못하더라도 그림책 자체를 즐길 수 있는 분위기를 만들어주는 것이 중요하다는 걸 기억하세요.

어떻게 하면 아이들이 영어 그림책을 좋아하게 될까요?

대부분의 수업이 그러하듯 영어 그림책으로 수업을 하면 하위 학습자보다는 상위 수준의 학습자들이 더 좋아하고 즐깁니다. 이는 그림책의 내용을 대부분 이해한 채로 표현을 확장할 기회까지 생기기 때문인데요. 이때 하위 학습자들이 주눅 들지 않으면서 자신의 능력에 맞게 활동할 수 있는 분위기를 만들어주는 것이 중요합니다. 자기도 할 수 있겠다는 생각이 들기 시작하면 아이들의 참여도는 좋아지게 되어 있습니다. 영어 그림책은 학습을 위해 가공된 교재가 아닌, 원어민들이 읽는 실제적인(authentic) 자료이기 때문에 수업에 딱 필요한 내용만 담고 있는 경우는 잘 없습니다. 그림책 속의 너무 많은 주제나 표현은 하위 학습자에게는 오히려 부담이 될 수 있으므로, 그 모든 것을 익히게 하는 데 주력하기보다, 재미있게 즐기는 중에 몰랐던 것 하나만이라도 내 것으로 만들면 성공이라는 교사의 마음가짐도 필요합니다. 또 영어 그림책을 읽고 나면 언제나 즐거운 활동이 기다리고 있다는 기대감을 심어주는 것도 좋은 방법이 될 수 있습니다. 이런 과정을 통해 꾸준히 영어 그림책을 접하다 보면, 처음에는 거부감이 있던 아이라도 어느새 영어 그림책을 친근하게 느끼고 재미를 붙일 수 있습니다.

영어 그림책은 주로 몇 차시에서 활용해야 할까요?

영어 그림책 수업을 특정 차시로 한정할 필요는 없습니다. 다만 단원에서 관련 표현을 처음 접하는 차시보다는 어느 정도 익숙해진 이후에 활용하는 것이 효과적입니다. 그림책의 내용을 더 쉽게 받아들이고 어휘와 표현을 확장하는 활동을 하기에도 무리가 없기 때문입니다. 그림책의 표현과 내용은 교과서의 그것에 비해 대체로 정형화되지 않은 것들이 많아서 단 한 번의 학습으로 충분히 친숙해지기는 어려워요. 반복을 통해 내용과 표현에 익숙해질수록 학습의 효과를 높일 수 있습니다. 또 그림책 읽기라고 해서 꼭 읽기 위주의 활동으로 수업해야 한다는 편견을 가질 필요는 없습니다. 이 책에서 다루는 여러 활동은 한 차시의 수업으로는 부족한 경우가 대부분이에요. 한 권의 그림책을 반복하여 보면서 이해 및 표현활동과 적절히 연계하여 지도하는 것이 의사소통 역량의 고른 향상을 위해 바람직합니다. 특히 그림책의 주제나 내용을 아이들의 삶으로 확장하는 수업을 통해 말하기, 쓰기, 제시하기 활동으로 구성하면 아이들의 일상과 연계된 실생활 중심의 의사소통 능력을 기를 수 있습니다.

영어 그림책을 읽고 독후 활동이 꼭 필요할까요?

　영어 그림책을 읽기 전과 읽기 후의 다양한 활동은 이야기의 장면과 표현을 재미있게 즐기고, 더 오래 기억에 남도록 돕기 위한 도구입니다. 책에서 시작한 표현을 학습자의 세계로 확장하고 내면화하기 위한 수단이기도 하고요. 즉, 영어 그림책을 수업에 활용하는 목적은 아이들이 읽기를 즐기며 이야기가 품고 있는 어휘와 표현을 습득하기 위한 목적이 가장 크다고 할 수 있습니다. 하지만 때로는, 흥미를 유발하기 위한 다양한 활동 없이도 그림책 자체를 재미있게 보는 아이들을 마주하게 될 때도 있습니다. 교사도 미처 발견하지 못한 작가의 의도나 숨은 그림에 주목하는 아이들, 자신의 이야기를 그림책에 투영하며 영어로 풀어내기 위해 애쓰는 아이들, 혹은 그저 읽기 자체를 즐기는 아이들이 많은 상황이라면 과감히 독후 활동을 생략하고 읽기 자체에만 집중해도 좋습니다. 독후 활동에 지나치게 몰두하여 오히려 읽기에 흥미를 떨어뜨리게 되지 않기 위해서는, 영어 그림책 활용 수업의 목적을 되새기는 노력이 필요합니다.

2장

읽기의 첫걸음!
중학년
그림책 수업

01
알파벳의 모양과 소리

그림책 소개 및 활용

A 모양의 악어, B 모양의 새, 그리고 Z 모양 얼룩말까지 단어의 첫 글자로 표현된 동물을 보며 알파벳의 모양과 소리를 익힐 수 있는 Suse MacDonald(수스 맥도날드)의 그림책입니다. 글자 모양대로 변형된 동물들의 모습이 흥미를 불러일으키며 페이지마다 옆쪽의 손잡이를 당기면 숨어있던 알파벳이 나타나는 형태로 조작할 수 있어 감각적으로 모양을 터득할 수 있습니다. 글자와 소리를 연결 짓는 다양한 활동을 통해 재미있게 알파벳을 익히는 수업으로 활용합니다.

Alphabet Animals

어휘

alligator, bird, cat, dragon, elephant, fox, goose, horse, insect, jellyfish, koala, bear, lion, monkey, newt, orangutan, parrot, quail, rooster, squirrel, tiger, unicorn, vulture, worm, xenops, yak, zebra

그림책 활동

읽기 전 알파벳 닮은꼴 찾기

알파벳의 모양과 비슷하게 생긴 사물의 사진을 보며 어떤 알파벳과 닮았는지 찾아보게 합니다. 사물의 모양을 살피며 알파벳을 상기하는 과정에서 이미지로 알파벳 모양을 기억하도록 유도합니다.

letter A

letter X

letter H

letter Z

letter I

닮은꼴 사진에서 알파벳을 찾았다면, 알파벳 모양과 비슷한 사물을 교실이나 주변에서 찾아봅니다. 글자 모양의 사물을 찾으며 알파벳의 형태에 집중하게 하고 모둠별로 많이 찾아 모으는 활동을 해도 좋습니다.

글자	닮은꼴 사물	글자	닮은꼴 사물	글자	닮은꼴 사물
A	이젤, 컴퍼스	O	벽시계, 도넛	U	얼굴, 손잡이
D	각도기	S	줄넘기, 뱀	J	책가방 걸이
H	문, 창문, 사다리	L	의자, 책	X	가위

Teacher's talk

Where can you find this alphabet shape?
이 알파벳 모양은 어디에서 찾을 수 있을까요?

Find the hidden alphabet shapes in objects around the classroom.
교실의 여러 물건에서 숨어있는 알파벳 모양을 찾아보세요.

읽기 중 책을 조작하며 읽기

실물 책이 있다면 학생들을 조작에 참여시키며 읽을 수 있습니다. 책을 실물화상기로 비추어 함께 보며 한 명씩 손잡이를 잡아당기도록 하여 알파벳 26자를 천천히 확인합니다.

> **Teacher's talk**
>
> Can you name an animal that starts with 'K'?
> k로 시작하는 동물은 무엇이 있을까요?
>
> Take turns pulling the pages one at a time.
> 한 사람씩 차례대로 페이지를 당겨보세요.

읽기 후 알파벳 그림글자로 이름 꾸미기

알파벳의 음가는 단독으로 학습하는 것보다 단어 안에서 익히는 것이 효과적이므로 이름이 만드는 소리를 활용하여 학습할 수 있습니다. 영어로 이름 쓰기가 쉽지는 않지만, 본인의 이름이라서 흥미가 높은 활동이기도 합니다. 완성한 작품으로 교사와 함께 소리 내어 읽으며 소리와 철자의 관계를 확인합니다.

교사	학생
'I' is for…	Im Soo Han
'Y' is for…	Yu Ra Eun

> **TIP** 완성된 작품으로 나와 공통된 알파벳이 가장 많은 이름 찾기, 나와 초성이 같은 이름 찾기 등의 활동을 하며 재미있게 모양과 음가를 익힙니다.

Teacher's talk

Find a name that shares the most letters with yours.
나와 같은 알파벳이 가장 많은 이름을 찾아보세요.

Who has the same initials as you?
여러분과 초성이 같은 이름을 가진 친구는 누구인가요?

읽기 후   Body Alphabet 만들기

몸을 구부려 알파벳을 표현한 동물들처럼 몸으로 글자를 만듭니다. 친구들을 보고 책의 어떤 동물이었는지 연상하며 첫소리를 자연스럽게 습득합니다.

letter M

letter G

letter H

letter E

Teacher's talk

Use your body and make the shape of a letter.
몸으로 알파벳 모양을 만드세요.

Can you guess the letter or animal your friends are showing?
친구들이 만든 글자나 동물을 추측할 수 있나요?

`읽기 후`   Animal Alphabet 디자인하기

대문자를 표현한 책의 내용을 참고하여 소문자 도안 위에 각 글자로 시작하는 동물을 디자인해 봅니다. 동물의 이름을 말하며 모양과 소리를 익힙니다.

`Teacher's talk`

Make lowercase letters using animals that start with the same letter.
첫 글자로 시작하는 동물로 소문자를 표현해 보세요.

Read them aloud and practice with the letters we made.
만든 글자를 보며 소리내어 읽고 연습하세요.

`아이들의 한 뼘 성장`

- 주위의 물건 속에 알파벳 모양이 숨어있는 게 신기했다.
- 알파벳 모양대로 동물을 표현하니까 신나고 재미있었다.

02
인사말 하기

그림책 소개 및 활용

이별 뒤에는 언제나 새로운 만남이 기다리고 있다는 메시지를 아이들의 눈높이에 맞추어 따뜻하게 알려주는 Cori Doerrfeld(코리 도어펠드)의 책입니다. 사람 사이의 관계뿐 아니라 일상에서 마주하는 다양한 상황을 통해 헤어짐과 만남에 대한 유연하고 긍정적인 태도를 배울 수 있습니다. 아이들이 새로운 만남과 이별을 경험하게 되는 학년 초나 학년말에 함께 읽기 좋습니다. 나만의 아이디어로 새로운 장면을 만들어 보며 인사말을 연습하는 수업으로 연결합니다.

Goodbye, Friend!
Hello, Friend!

어휘

goodbye, hello, sit, alone, together, outside, inside, snowmen, puddles, long, walks, butterflies, sun, talks, fireflies, stars, empty, bowl, full, heart, watch, join, give up, try, superpower, dream

그림책 활동

읽기 전 표지 비교하고 제목 예상하기

　같은 책이지만 다른 제목과 디자인으로 출간된 표지를 비교해 보는 활동으로 흥미를 불러일으킵니다. 아이들이 손을 흔드는 장면과 밤하늘을 바라보는 그림을 살피며 말풍선 안의 제목을 추측하게 합니다. 제목을 통해 누군가와 헤어지거나 만나면서 인사를 나누었던 경험이 있는지 떠올리고 이야기 나눕니다.

미국판 표지와 제목
Goodbye, friend! Hello, friend!

영국판 표지와 제목
Say Goodbye… Say Hello

Teacher's talk

Can you guess the title in the blanks?
빈 곳에 들어갈 제목이 무엇일까요?

Have you ever said hello or goodbye?
여러분은 만나거나 헤어지는 인사를 해본 적이 있나요?

읽기 중 단어 예측하며 읽기

　'Goodbye to _____ is hello to _____.'의 문장 패턴이 반복되므로 goodbye 부분을 읽은 뒤, 누구와 혹은 무엇과 새롭게 인사하게 될지 자유롭게 추측하도록 합니다. 다음 장에 어떤 장면이 나올지 생각해 보고 읽기에 참여시킴으로써 이야기에 더 몰입하게 합니다.

책의 장면	Goodbye to snowmen…
교사	Who do we say 'hello' to?
학생들 예상	sun, spring, water, carrot
책의 장면	…is hello to puddles! (그림으로 puddle의 의미를 파악함)

읽기 후 내가 만드는 이별과 만남

나만의 아이디어로 헤어짐과 만남의 한 장면을 묘사합니다. 알고 싶은 단어를 찾아 활용하며 인사말과 문장 패턴을 익힐 수 있습니다.

Teacher's talk

Find a situation where the end of something leads to a new beginning.
어떤 것의 마지막이 새로운 시작으로 이어지는 상황을 찾아보세요.

Let's draw a picture and write a sentence like in the storybook.
책과 같이 그림을 그리고 문장을 만들어보세요.

아이들의 한 뼘 성장

- 무엇과 헤어져도 또 새로운 것과 만나게 된다고 생각하니 안심이 된다.
- 친구들의 새로운 아이디어가 책보다 더 멋진 것 같다.

03
무엇인지 묻고 답하기

그림책 소개 및 활용

상자를 통해 상상력을 자극하는 이 책은 Antoinette Portis (앙트아네트 포티스)가 쓴 작품으로 가이젤 상 수상작입니다. 평범한 상자가 아이들의 상상 속에서 무엇이든 될 수 있다는 걸 잘 보여줍니다. 상자를 가지고 무얼 하냐는 질문에 토끼는 상자가 아니라고 반복하며 장면마다 새로운 아이디어를 제시합니다. 상자가 아니라는 대답에서 확장하여, 사물이 무엇인지 묻고 답하는 표현을 익히는 수업으로 활용할 수 있습니다.

Not a box

어휘 및 표현

It's not a box. It's a + 명사.
car, mountain, building, robot, ship, door, rocket

그림책 활동

읽기 전 Word Dart(워드 다트)로 단어 살피기

칠판에 부착한 단어 카드를 흡착 고무공(suction ball)으로 맞추는 놀이를 통해 책의 어휘를 미리 살펴봅니다. 모둠 안에서 1~4번까지 번호를 정한 뒤, 서로 다른 모둠에서 같은 번호의 사람끼리 나와 문장을 듣고 공을 던집니다. 해당 단어에 가장 근접한 사람이 점수를 얻으며 반복하여 단어를 익힙니다.

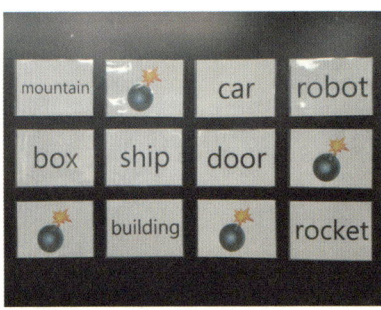 

전체	교사
What's this?	It's not a box. It's a ship. It's not a robot. It's a car. It's not a hat. It's a robot.

> **TIP** 읽기를 어려워하는 학습자는 친구들을 보고 힌트를 얻을 수 있게 하며, 속도보다는 단어를 읽고 익히는 것에 중점을 두고 진행합니다. 봉투형 L자 홀더로 편리하게 단어만 교체할 수 있습니다.

읽기 중 다음 장면 상상하며 읽기

장면을 넘길 때마다 토끼가 가진 것이 무엇일지 추측하게 한 뒤 아이들의 의견을 듣습니다. 호기심을 일으키며 읽기에 더 집중시키고 상상한 것을 말하면서 어휘를 새롭게 습득하게 합니다.

교사	전체
It's not a box. What's this?	It's a TV. It's a phone.
It's not a TV. What's this?	It's a bus. It's a house.

읽기 후 내가 꿈꾸는 상자

나만의 상자 아이디어를 마인드맵으로 표현하고 영어 단어로도 찾아서 써보며 어휘를 확장할 수 있습니다. 완성한 내용으로 짝과 묻고 답하기를 연습하고 친구들 앞에서 발표합니다.

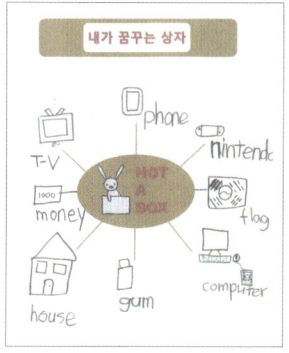 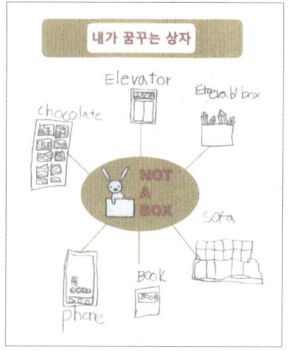

전체	발표자
What's this?	It's a nintendo. It's a house. It's gum.

마인드맵에서 마음에 드는 것을 고르거나 상자나 막대기, 원 등의 다양한 모양에서 나만의 아이디어를 떠올리고 창의적으로 새로운 장면을 표현해 봅니다. 같은 작가의 책인 'Not a Stick'을 함께 활용해도 좋습니다.

> **읽기 후**　나만의 상자 만들어 소개하기

활동지에서 표현한 아이디어 중 가장 마음에 드는 것 한 가지를 골라 종이 상자로 만들어봅니다. 배운 표현을 활용하여 작품을 소개하고 서로의 아이디어에서 새로운 어휘를 습득합니다.

  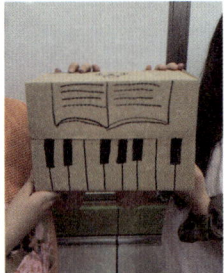 

It's a computer.　　　It's a swimming pool.　　　It's a piano.　　　It's a TV.

아이들의 한 뼘 성장

- 친구들이랑 상자 만들기를 하니까 영어 수업이 재미있다.
- 내가 상자로 만든 수영장이 swimming pool이라는 걸 알게 되었다. 이제 이 단어는 절대 까먹지 않을 것 같다.

04
색깔을 묻고 답하기(1)

그림책 소개 및 활용

뉴욕타임즈 베스트셀러 작가 James Dean(제임스 딘)이 쓴 Pete the Cat(피트 더 캣) 시리즈 중의 하나인 이 책은 새 신발을 신고 산책하는 고양이 Pete의 이야기를 그리고 있습니다. 난관에 부딪혀 신발이 더럽혀질 때마다 화내거나 짜증을 내는 대신 노래를 흥얼거리는 주인공의 모습을 통해 긍정을 잃지 않는 삶의 태도를 배웁니다. 신발 색이 변해가는 상황을 통해 색깔을 묻고 답하는 표현을 학습합니다.

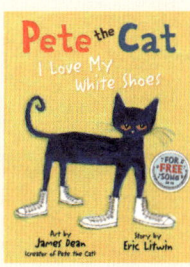

Pete the Cat I Love My White Shoes

어휘

white, red, blue, brown, wet shoes, step, large, strawberries, blueberries, mud, water, cry, goodness

그림책 활동

읽기 전 과일샐러드 게임(Fruit Salad Game)으로 어휘 익히기

과일샐러드 게임은 어휘를 익히기에 효과적인 활동입니다. 술래의 의자를 따로 빼 둔 상태로 각자 색깔을 하나씩 지정받습니다. 술래의 말을 듣고 자신에게 해당하는 단어가 불린 사람은 다른 자리로 이동하는 놀이입니다. 자리를 찾지 못한 사람이 술래가 되어 놀이를 계속하며 반복하여 색깔 어휘를 익힙니다.

전체	발표자
What color is it?	It's red. It's blue. It's yellow.

Teacher's talk

The tagger chooses a color and says it aloud.
술래는 한 가지 색깔을 선택하여 말하세요.

If you're in that color, please move to a different seat.
술래가 말한 색깔에 해당하는 사람은 자리를 이동하세요.

The person who can't find a seat becomes the new tagger.
자리에 앉지 못한 사람이 새로운 술래가 됩니다.

읽기 중 두더지 읽기

모둠별로 색깔을 하나씩 맡은 뒤 책을 읽으며 그 색깔이 나올 때마다 일어섰다 앉습니다. 마치 두더지 게임과 같은 모습이 연출되며 집중이 어려운 아이들까지 재미있게 참여시킬 수 있습니다. 규칙이 익숙해지면 모둠별로 두 가지 색깔을 맡게 하거나, 색깔이 나올 때마다 전체가 일어섰다 앉는 방법으로 변형합니다.

> **TIP** 손 흔들기나 만세 등의 작은 동작으로도 활동할 수 있습니다.

Teacher's talk

Stand up and sit down whenever you hear your group's color.
이야기에서 자기 모둠의 색깔이 나올 때마다 일어섰다 앉으세요.

읽기 중·후 색깔 돋보기로 읽기

돋보기 모양의 도안에 셀로판지를 붙여 색깔 돋보기를 만들고 각자 실내화에 비추며 책을 읽습니다. 종이에 그린 그림이나 실제 사물 위에 돋보기를 갖다 대어 보며 짝과 대화를 연습하고 어휘를 확장할 수 있습니다.

A	B
What color is it?	It's yellow. (It's a yellow star.) It's blue. (It's a blue cloud.) It's red. (It's a red chair.)

읽기 후 색종이 단어 모자이크

색종이를 찢어서 단어를 모자이크로 표현합니다. 손으로 글자를 만들면서 철자를 재미있게 익힐 수 있습니다. 색깔 클레이로 단어를 만들어봐도 좋습니다. 자신이 좋아하는 색깔이나 알고 싶은 색깔을 골라 활동하도록 격려합니다.

Teacher's talk

Tear the colored paper and make your favorite or a difficult word.
색종이를 찢어서 좋아하는 색깔이나 어려운 단어를 표현합니다.

Let's read the words we made.
만든 낱말을 함께 읽어보세요.

아이들의 한 뼘 성장

- 항상 긍정적으로 생각하는 피트의 태도를 배워야겠다.
- 돋보기로 물건 색깔을 바꾸면서 말하니까 더 재미있고 특별했다.

05
색깔을 묻고 답하기(2)

그림책 소개 및 활용

구멍을 통해 사물을 보여주는 흥미로운 방식으로 색깔과 사물을 감각적으로 익힐 수 있는 책입니다. 페이지를 넘길 때마다 바뀌는 사물의 색깔을 확인하고, 그 색에 해당하는 다른 사물을 추측하며 읽을 수 있습니다. 원래의 색과 다르게 묘사된 사물의 진짜 색을 찾으며 색깔을 묻고 답하는 수업에 활용합니다.

Lemons Are Not Red

어휘

red, yellow, orange, purple, pink, gray, white, brown, green, blue, black, silver, lemon, apple, carrot, eggplant, flamingo, elephant, snowman, reindeer, grass, sky, night

그림책 활동

읽기 전 색깔이 변하는 카멜레온

　뚫린 구멍으로 사물의 색깔이 보이는 책의 아이디어에 착안하여 카멜레온 프레임으로 흥미를 유발합니다. 카멜레온의 색을 변화시키면서 색깔을 말해보고 흔히 알고 있는 색깔 외에 좀 더 표현하기 어려운 색에 관해 생각해 보는 기회가 되게 합니다. 카멜레온 도안을 출력한 뒤 검은 종이 위에 올리고 함께 오려 자료를 만들 수 있습니다. 카멜레온의 색이 변할 때마다 질문하거나, 짝과 묻고 답하게 합니다.

교사	학생		
What color is the chameleon?	It's light green.	It's red.	It's blue.

> **TIP** 카멜레온을 사진으로 찍어 제시하는 것보다, 교사가 교실을 돌아다니며 직접 색을 만들면 아이들의 시선이 따라오며 생동감 넘치는 활동이 됩니다.

읽기 중 질문하며 읽기

　장면을 넘기기 전 질문을 통해 다음 문장을 아이들로부터 끌어낼 수 있습니다. 상식과는 다르게 표현된 사물의 원래 색을 물어보거나, 그런 색깔을 띠는 사물에는 어떤 게 있는지 찾아보게 하며 읽기의 집중도를 높입니다.

	교사	학생
방법 1	Lemons are not red. What color are the lemons? (What color is the lemon?)	They are yellow. (It's yellow.)
방법 2	Lemons are not red. What is red? (What are red?)	apple, tomato, strawberry

읽기 후 단어 벽돌 쌓기(Words Bricks)

시작(Start) 벽돌에서 출발하여 그림과 같은 의미의 단어가 연결되도록 벽돌을 찾아 계단처럼 쌓아 올립니다. 일자로 배열하거나 동그랗게 연결하는 등 모양을 자유롭게 변형하여 반복하면서 단어와 의미에 익숙해지게 합니다. 그림 벽돌로 소리내어 읽기를 연습한 뒤 글자 벽돌로 단계를 높여 도전합니다.

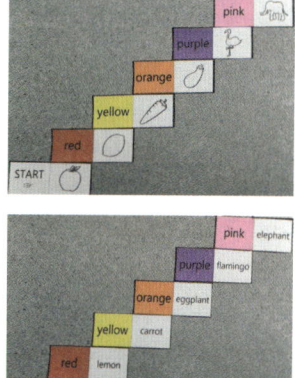

아이들의 한 뼘 성장

- 카멜레온의 몸이 바뀌는 걸로 색깔을 배운 게 기억에 남는다.
- 친구들과 함께 벽돌을 쌓으면서 단어를 읽을 수 있는 것이 좋았다.

06
좋아하는 것을 묻고 답하기

그림책 소개 및 활용

선명하고 밝은 표현이 특징인 작가 Nick Sharratt(닉 샤렛)의 그림책입니다. 위아래가 분리된 페이지를 따로 넘기며 음식과 사물을 매치하는 구조로 아이들의 시선을 사로잡고 이야기에 집중시킬 수 있습니다. 엉뚱한 단어의 조합을 통해 음식과 여러 사물에 대한 다양한 어휘를 자연스럽게 익히기 좋습니다. 반복되는 문장 패턴을 활용하여 좋아하는 것에 관해 묻고 답하는 수업에 활용합니다.

Ketchup on Your Cornflakes?

어휘 및 표현

Do you like + 명사 + on your + 명사?
Yes, I do. / No, I don't.
ketchup, corn flakes, custard, apple pie, ice cubes, lemonade, toothpaste, toothbrush, woolly hat, head, duck, bath, salt, egg, toes, jam, toast, teddy, bed, milk, chips

그림책 활동

읽기 전 밸런스 게임 만들기

좋아하는 두 가지 항목 중 하나를 고르는 밸런스 게임을 만들어봅니다. 다양한 어휘를 활용하도록 유도하고 모둠 보드를 전체와 공유하여 의견을 살펴보게 합니다.

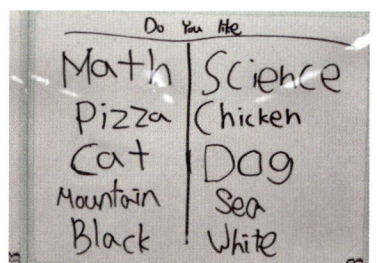 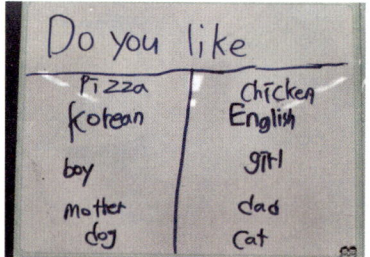

Teacher's talk

Talk to each other and make balance game questions in your group.
모둠 친구들과 밸런스 게임 질문을 만드세요.

읽기 중 Say YES or NO

음식이나 사물들의 조합에 대한 아이들의 의견을 물어보며 읽습니다. 손가락으로 👍 또는 👎를 표시하고 서로의 생각을 둘러보며 읽으면 재미있습니다.

책에서 만들 수 있는 표현 예시
Do you like jam on your head?
Do you like milk on your chips?

❗ **TIP** 페이지를 순서 없이 넘기다 보면 나왔던 조합이 중복될 수 있으므로, 아래쪽을 한 장 넘기고 글을 읽은 뒤 위쪽을 넘겨 읽는 방식으로 반복하면 좋습니다.

> **Teacher's talk**
>
> If you like it, give a thumbs up. If you don't, give a thumbs down.
> 마음에 들면 엄지를 올리고, 그렇지 않으면 엄지를 내리세요.
>
> Look around and see what your friends think.
> 다른 친구들 생각은 어떤지도 둘러보세요.

읽기 후 창문 열기로 소통하기

주제에 대한 의견을 포스트잇에 두세 가지씩 쓴 뒤, 각자 쓴 내용으로 돌아가며 질문합니다. 각 질문에 동의하는 사람은 손을 들고 손든 사람의 수에 맞는 창문에 포스트잇을 붙입니다. 손은 여러 번 들 수 있으며 베스트 답을 창문 가운데에 붙입니다.

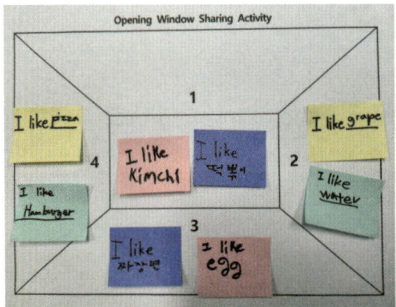
모둠원 4명의 창문 열기

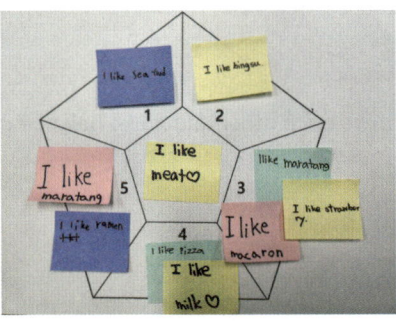
모둠원 5명의 창문 열기

주제	활동 예시
food	① 학생 1: I like eggs. Do you like eggs? ② 달걀을 좋아하는 사람은 'Yes, I do.'로 대답하며 손들기 ③ 두 명이 손을 들었으면 본인 포함 세 명이므로 3번 창문에 포스트잇 붙이기 ④ 학생 2, 3, 4: 돌아가며 같은 방식으로 묻고 포스트잇 붙이기

> ♥ **TIP** animal, color, sport 등으로 주제를 바꾸어 활동할 수 있으며 모둠 안에서 최대한 의견이 겹치지 않도록 쓰게 하면 좋습니다. 동점일 때는 가위, 바위, 보로 결정합니다.

> **Teacher's talk**
>
> Write what you like on a post-it note.
> 포스트잇에 자신이 좋아하는 것을 쓰세요.
>
> Listen to your friend's question and raise your hand if you agree.
> 친구의 질문을 듣고 동의하는 사람은 손을 들어주세요.
>
> Count the number of hands and stick the post-it note in the right window.
> 손 든 사람의 수를 세어 알맞은 창문에 붙이세요.

읽기 후 나만의 음식 조합 만들기

각각은 좋아하지만 함께하기에는 거부감이 드는 음식 두 가지를 표현합니다.

> **Teacher's talk**
>
> Create your own food combination and ask your friends what they think.
> 나만의 음식을 창의적으로 조합해보고 친구에게 의견을 물어보세요.

아이들의 한 뼘 성장

- 창문 열기에서 내 아이디어가 1등이 돼서 기분이 좋았다.
- 안 어울리는 음식끼리 짝이 되는 것이 신기하고 웃겼다.

07

물건의 개수를 묻고 답하기

그림책 소개 및 활용

파티에 초대되어 입장하는 동물들을 차례로 만나며 다리의 수를 세어볼 수 있는 그림책입니다. 새로운 손님이 등장할 때마다 다리의 수를 반복적으로 묻는 패턴을 통해 개수를 세는 표현을 재미있게 익힐 수 있습니다. 실물을 활용하여 물건의 수를 묻고 답하는 연습으로 수업을 구성합니다.

How Many Legs?

어휘 및 표현

How many + 명사?
polar bear, duck, hippo, dog, chimpanzee, seagull, frog, kangaroo, squid, buffalo, flea, bumble bee, octopus, pig, slug, snail, maggot, cow, goat, dinosaur, centipede

그림책 활동

읽기 전 제목 예상하기

표지를 보고 제목을 맞혀보게 합니다. 책의 제목을 통해 핵심 표현을 상기시키고 이야기가 어떤 내용일지 자연스럽게 예상하게 하는 효과가 있습니다. 단계별 힌트와 질문을 통해 모두가 쉽게 제목을 파악하도록 돕습니다.

1단계　　　　　　2단계　　　　　　3단계

Teacher's talk

What do you think the boy is saying?
아이는 무슨 말을 하고 있을까요?

What should we say when we count the legs of animals?
동물들의 다리를 세려면 뭐라고 물어야 할까요?

읽기 중 퍼즐을 맞추며 읽기

새로운 동물이 등장할 때마다 다리의 개수를 묻고 대답하며 읽습니다. 교사의 질문에 답하며 다리 개수에 따라 퍼즐을 배열하여 지루하지 않게 읽기를 반복합니다. 늘어나는 다리 수를 합해가는 계산이 아이들에게는 어려울 수 있으므로, 장면마다 새로 등장하는 동물의 다리 수를 확인하는 질문으로 대신합니다.

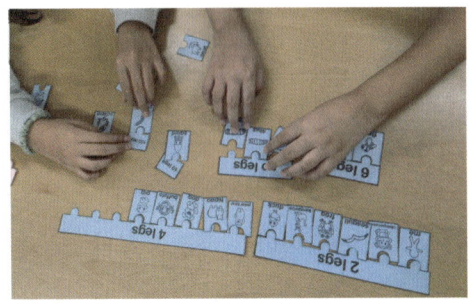 

질문	대답
How many legs does the pig have? How many legs does the kangaroo have? How many legs does the squid have? …	Four legs. Two legs. Ten legs. …

> **TIP** 그림만으로 다리의 개수를 바로 알 수 있지만, 책을 읽으면서 이야기의 속도에 맞추어 활동하게 합니다.

읽기 후 초콜릿 그래프 만들기

실물 재료로 그래프를 만들면서 개수를 묻고 답합니다. 엠앤엠즈(13.5g) 한 봉지로 각자 그래프를 만든 뒤, 이야기의 표현을 색깔과 연결할 수 있습니다. 봉지마다 들어있는 색깔 수가 다르므로 친구들과 비교 하며 묻고 답하기 좋습니다.

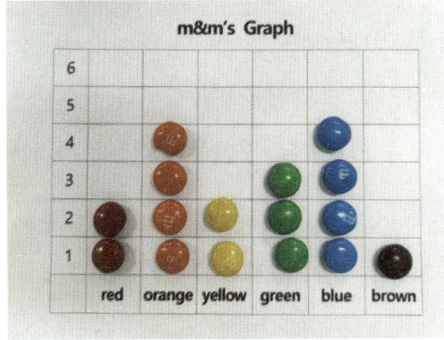 

색깔	A	B
red orange yellow …	How many octopuses? How many tigers? How many butterflies? …	Two octopuses. Four tigers. Two butterflies. …

> **TIP** 손 씻기, 위생장갑 착용 등 위생에 주의하여 활동합니다.

아이들의 한 뼘 성장

- 발이 계속 나와서 숫자를 많이 알게 되었다.
- 초콜릿으로 그래프를 만드는 게 신나고 맛있었다. 또 하고 싶다.

08
물건을 가지고 있는지 묻고 답하기

그림책 소개 및 활용

Mo Willems(모 윌렘스) 작가의 Elephant and Piggie(엘리펀트 앤 피기) 시리즈 중의 하나로 가이젤 상을 수상한 책입니다. 드라이브를 계획하며 준비물을 챙기던 두 친구가 여러 난관을 해결하고 뜻밖의 결말을 만들어내는 유쾌한 이야기입니다. 두 인물이 주고받는 대화체의 문장으로 인해 대사가 짧고 전개가 빠르므로, 마치 희곡을 보는 것과 같은 느낌으로 경쾌하게 읽을 수 있습니다. 필요한 준비물을 확인하는 과정에서 반복되는 표현을 통해 물건을 가지고 있는지 묻고 답하는 수업에 활용합니다.

Let's Go for a Drive

어휘 및 표현

Do you have a + 명사?
I have a + 명사.
wait, plan, drive, map, sunglasses, umbrella, bag, car, pirate, stuff, pack, silly, pal

그림책 활동

읽기 전 단어 짝 맞추기

이야기의 전개에 핵심적인 단어 몇 가지에 대한 그림 카드와 낱말 카드를 매칭시켜 봅니다. 단어의 의미를 생각하고 그림과 짝지어보는 활동을 통해 새로운 단어를 시각적으로 익히고 이야기를 자연스럽게 짐작하게 합니다.

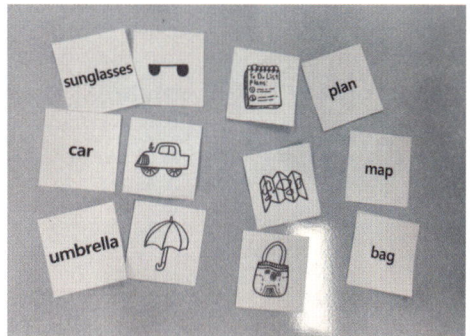

Teacher's talk

Match the picture card with the word card.
그림 카드와 낱말 카드의 짝을 지어보세요.

Can you guess what they might bring on a drive?
주인공들이 드라이브 갈 때 무엇을 챙겨갈 것 같나요?

읽기 중 질문으로 예측하며 읽기

인물의 대사를 바탕으로 다음 장면에서 어떤 물건이 나올지 유추하며 읽습니다. 날씨 또는 상황에 따라 무엇이 필요할지 질문하며 읽기 전에 살펴보았던 어휘를 자연스럽게 떠올리게 합니다.

책의 문장	교사	학생
It might be sunny.	What do we need on a sunny day?	sunglasses sunscreen
It might rain.	What do we need on a rainy day?	umbrella rain boots
We have so much stuff to pack.	What do we need to pack?	bag box

읽기 중 몸으로 표현하며 읽기

주요 문장을 몸으로 표현하며 이야기를 읽어봅니다. 교사의 몸짓을 따라 하게 읽거나, 각자 만든 동작을 문장과 함께 표현하게 할 수 있습니다.

책의 문장	몸짓 표현
I have a map!	손으로 네모 그리기
I have sunglasses!	손가락으로 안경 만들기
I have umbrellas!	우산 펴고 쓰기
I have bags!	가방 손잡이 잡고 들기

Teacher's talk

Listen to (or read) the sentence and act out its meaning with your body.
문장을 들으면서(읽으면서) 몸으로 의미를 표현해 보세요.

읽기 후 이야기 재구성하기

사물과 아이디어를 바꾸어 대화를 만듭니다. 드라이브를 준비하던 주인공들이 해적놀이로 마무리한 것처럼, 모둠 친구들과 아이디어를 모아 이야기를 재구성할 수 있습니다. 문장을 배열하는 과정에서 읽기를 연습하고 표현을 확장합니다.

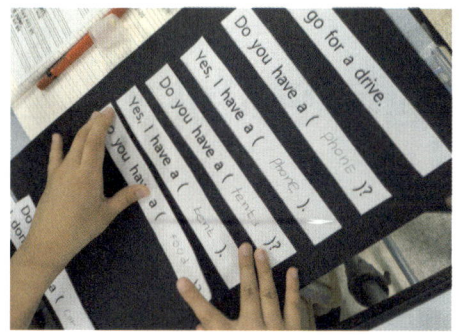 

	바꾼 단어		재구성한 결말
Do you have…	a phone, a tent, food	➡	Let's go camping.
	a GPS, money, food	➡	Let's go on a picnic.
	a bag, a book, a pen	➡	Let's go to school.

Teacher's talk

Let's change the story with a new plan.
다른 계획으로 이야기를 바꿔보세요.

아이들의 한 뼘 성장

- 코끼리가 돼지한테 계속 가져오라고 시키는 장면이 아직도 생각난다.
- 친구들과 아이디어를 합쳐 이야기를 바꾸는 활동이 재미있었다.

09

동물의 이름과 특징을 묘사하기

그림책 소개 및 활용

반려동물이 갖고 싶은 아이의 이야기를 다룬 Rod Campbell (로드 캠벨)의 그림책입니다. 동물원에서 주인공에게 보내준 동물들을 다시 돌려보내는 구조로 이야기가 반복됩니다. 반려동물로 적합하지 않은 이유를 설명하는 과정에서 특징을 묘사하는 다양한 형용사와 그 의미를 배우기 좋습니다. 플랩북의 형태라 아이들의 흥미를 사로잡을 수 있으며 반복되는 패턴의 문장을 통해 동물의 이름과 특징을 묘사하는 수업에 활용합니다.

Dear Zoo

어휘 및 표현

It was too + 형용사.

elephant, giraffe, lion, camel, snake, monkey, frog, puppy, big, tall, fierce, grumpy, scary, naughty, jumpy

그림책 활동

읽기 전   4 in 1 연상퀴즈

네 개의 그림 또는 단어 힌트를 보고 연상되는 동물을 찾습니다. 예시를 먼저 제시하여 문제를 만드는 방법을 알려주고, 연상되는 이미지나 특징을 찾아낼 수 있게 도와줍니다. 책에 나오는 동물을 모둠에서 무작위로 하나씩 맡아 힌트 네 개로 된 연상퀴즈를 만들고 전체와 공유하여 다른 모둠 친구들이 답을 맞히는 방식으로 활동합니다.

giraffe   snake   elephant

> **✓ TIP** 그림이나 단어로 힌트를 선택하게 하여 수준에 상관없이 모두가 참여하도록 하고, 필요한 낱말을 찾으며 어휘를 확장합니다.

Teacher's talk

Make a quiz about an animal with four hints.
힌트 네 가지로 동물에 관한 퀴즈를 만들어 보세요.

Guess what animal your friends are describing.
친구들이 설명하는 동물이 무엇인지 알아맞혀 보세요.

읽기 중   추측하며 읽기

주인공이 동물을 돌려보낸 이유가 각 동물의 특징으로 묘사되므로 관련 표현을 강조하여 읽습니다. 플랩북이나 팝업북에서 접힌 부분을 펼치기 전에, 문장의 형용사를 통해 어떤 동물일지 예상하게 합니다. 추측하고 답을 확인하는 과정에서 이야기에 더 몰입하게 되고 단어의 의미를 명확히 파악하는 데 도움이 됩니다.

교사 질문	학생들의 추측
It was too **tall**. Which animal is tall?	giraffe, camel
It was too **big**. Which animal is big?	bear, hippo, elephant

읽기 중·후 결말 바꾸어 표현하기

마지막 장면을 읽어주기 전에 어떤 동물을 받으면 주인공이 만족할지 예상하게 하거나, 읽은 후에 자신이 받고 싶은 동물을 상상하여 결말을 새로 만들어봅니다.

주어진 단어를 골라 쓸 수 있는 활동지와 자신이 원하는 단어를 찾아 이야기를 만들 수 있는 활동지 중에서 선택합니다.

> **Teacher's talk**
>
> **Which animal would make a good pet?**
> 반려동물로는 어떤 동물이 적합할까요?
>
> **Fill in the blanks to create a new story.**
> 빈칸에 단어를 채워 새로운 이야기를 만들어보세요.

읽기 후 동물 이름 타이포그래피

동물 이름으로 디자인된 타이포그래피 도안에서 글자를 찾아 읽어봅니다. 이미지 안에 숨은 글자를 찾았으면 색칠하며 어휘를 시각적으로 익힙니다. 대소문자가 섞여서 표현된 다양한 타이포그래피를 꾸미고 대문자를 소문자로, 소문자를 대문자로 바꿔 써보며 단어와 철자를 연습할 수 있습니다.

elephant　　　　　pig　　　　　frog　　　　　puppy

✅ TIP 3~4학년 수업에서는 도안을 색칠하여 읽기 활동으로 진행하고, 5~6학년 수업에서는 동물 실루엣을 활용하여 학생들이 직접 타이포그래피를 제작하며 철자를 익히는 활동을 할 수 있습니다.

Teacher's talk

Find and read the letters in the animal name typography.
동물 이름 타이포그래피에서 철자를 찾아 읽어보세요.

Color the letters as you read the words.
글자를 색칠하며 단어를 읽어보세요.

아이들의 한 뼘 성장

- 읽으면서 계속 다음은 무슨 동물일지 기대가 됐다.
- 내가 좋아하는 동물을 표현해 보고 또 몰랐던 단어를 알 수 있어서 좋았다.

10
지시하거나 금지하기

그림책 소개 및 활용

개구쟁이 David의 학교생활을 담은 David Shannon(데이비드 섀넌)의 그림책입니다. 단순하고 우스꽝스러운 그림체가 시선을 끌며 내용이 짧고 간결하여 활용하기 좋습니다. 특히 장난기 많은 아이들이 자신과 닮은 주인공의 모습에 공감하며 즐거워합니다. 학교의 규칙을 잘 지키지 않는 주인공의 모습을 통해 지시하거나 금지하는 표현을 익히고, 스스로 규칙을 만들어보며 내면화하는 수업으로 연결합니다.

David Goes to School

어휘

tardy, recess, over, yell, push, run, hall, sit down, chew, raise, keep, yourself, pay, attention, wait, turn, care, start, again, stay, after, finish

그림책 활동

읽기 전 나의 학교생활 점검하기

학교 규칙을 살펴보며 나의 생활 태도를 점검합니다. 평소 참여도가 높지 않은 아이들도 자신의 태도를 점수화하는 활동에 관심을 가지고 재미있게 참여하는 모습을 볼 수 있습니다. 이 활동을 통해 어휘를 미리 확인하고 읽기에 자연스럽게 흥미를 갖게 합니다.

어휘를 살펴보며 자신의 학교생활 태도를 점검해보세요.

Words	Rules	Self Check
tardy	지각하지 않기	⑤ ④ ③ ② ①
sit down	수업 중에 일어서지 않기	⑤ ④ ③ ② ①
chew	학교에서 껌 씹지 않기	⑤ ④ ③ ② ①
raise	손들어 발표하기	⑤ ④ ③ ② ①
attention	수업에 집중하기	⑤ ④ ③ ② ①
turn	차례 지키기	⑤ ④ ③ ② ①
recess	수업 시간, 쉬는 시간 구별하기	⑤ ④ ③ ② ①
finish	해야 할 일 스스로 마무리하기	⑤ ④ ③ ② ①
Total Score(합계)		39/40 (영섭)

Teacher's talk

Check and rate your habits using the school rules list.
학교 규칙을 보며 나의 생활 태도를 점검하고 점수를 매겨보세요.

읽기 중 경험을 떠올리며 읽기

지시하는 문장에 대해 질문할 때 경험을 떠올리게 합니다. 자신에게 해당하는지 아닌지 손가락으로 OX를 표시하며 읽습니다. 질문을 생각하고 확인하는 동안 내용에 집중하고, 표현에 자연스럽게 반복하여 노출되게 합니다.

Do you often…	Are you often…
chew gum in class? play after recess? stand up in class? raise your hand in class?	tardy for school? (late for school?) noisy in class?

읽기 중·후 신체 부위에 규칙 놓기

책에 나오는 지시 문장을 어울리는 신체 부위 위에 놓아봅니다. 예를 들어 No yelling은 입 근처에, Raise your hand는 손 근처에 놓습니다. 빈 종이에 규칙을 추가로 써서 표현을 확장할 수 있습니다.

문장 읽고 위치 찾기   신체 부위에 알맞은 규칙 놓기   규칙 만들어 추가하기

Teacher's talk

Read the rules and place them on David's body parts.
규칙을 읽고 David의 신체 부위에 맞게 놓아보세요.

Write more rules and place them in the same way.
다른 규칙도 찾아 쓰고 같은 방식으로 놓아보세요.

읽기 후 학교 규칙 가랜드 만들기

안전하고 즐거운 학교생활을 위해 지켜야 할 규칙에 관한 각자의 아이디어를 육각형 보드에 모읍니다. David에게 어떤 문장이 필요할지 생각하도록 유도합니다.

모인 규칙을 살펴보고 마음에 드는 규칙을 골라 가랜드로 꾸미고 전시합니다.

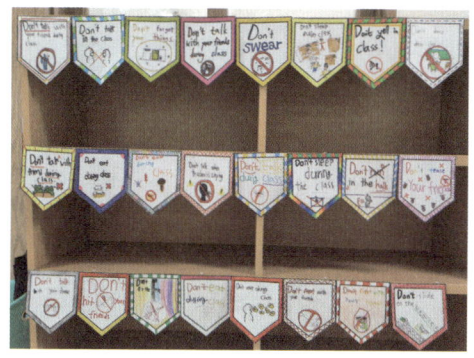

Teacher's talk

Think of one rule we should follow at school.
학교생활을 위해 함께 지켜야 할 규칙을 하나씩 생각해보세요.

Check out your friends' ideas on the hexagonal board.
육각 보드에 쓴 친구들의 생각을 살펴보세요.

아이들의 한 뼘 성장

- 규칙을 가랜드로 만들어서 전시하니 아이들이 더 잘 지키는 것 같다.
- 나도 이제부터 규칙을 잘 지키려고 노력해야겠다.

11
물건의 주인인지 확인하기

그림책 소개 및 활용

누군가 잃어버린 곰 인형을 강아지 Biscuit이 발견합니다. 곰 인형의 주인을 찾아주는 과정에서 다양한 인물들을 만나 묻는 과정이 반복됩니다. 주인이 맞는지 추측하고 물어보는 상황을 통해 물건의 주인인지 묻고 답하는 표현을 자연스럽게 익힐 수 있습니다. 수준에 맞게 문장을 배열하고 이야기를 바꾸며 읽기를 연습하는 수업으로 구성합니다.

Biscuit and the Lost Teddy Bear

어휘 및 표현

Is this your teddy bear, ○○?
No, it is not ○○'s bear.
bird, butterfly, teddy bear, lost, someone, big, truck, box, little, boy, found, hug

그림책 활동

읽기 전 잃어버린 물건을 찾은 경험 떠올리기

제목에 관하여 이야기를 예상하게 합니다. 물건을 잃어버렸거나 찾았던 적이 있는지 떠올리고 이야기 나누며 읽기를 준비합니다.

Teacher's talk

Have you ever lost something and found it again?
잃어버렸던 물건을 다시 찾았던 적이 있나요?

읽기 전 Word Search DIY로 단어 확인하기

제시된 단어로 워드서치를 만들고 친구와 바꿔 풀면, 단어를 살피며 재미있게 익히는 활동이 됩니다. 워드서치를 만드는 과정에서 뜻을 확인하고 친구가 만든 문제를 풀어보면서 철자를 반복하여 익숙해질 수 있습니다. 문제를 만들 때는 각자 가능한 만큼의 단어만 넣어 수준에 맞게 활동하도록 합니다.

> **Teacher's talk**
>
> Make your own Word Search using the new words.
> 배울 단어를 사용하여 워드서치를 직접 만들어보세요.
>
> Exchange it with your friend and solve it.
> 친구와 문제를 바꿔 풀어보세요.

읽기 중·후 문장 배열하여 이야기 만들기

주요 문장을 차례대로 나열합니다. 책의 순서와 꼭 같지 않더라도 내용이 연결되도록 배치하는 과정에서, 읽고 의미를 파악하는 연습을 하게 됩니다. 교사가 책을 읽을 때 학생들이 활동하게 하거나, 읽기 후에 활동할 수 있습니다. 문장 수를 달리하여 수준에 맞게 활동하게 하며 배열한 문장으로 읽기를 연습합니다.

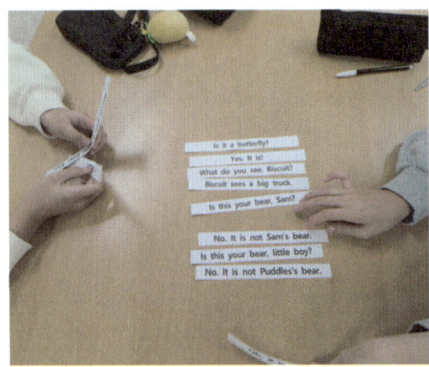 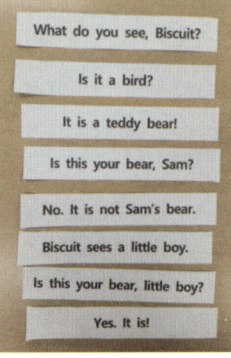 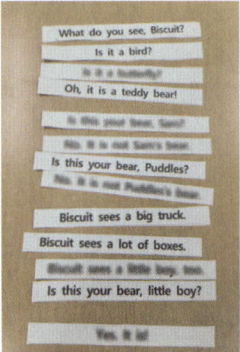

> **Teacher's talk**
>
> As you read the story, arrange the sentences in order.
> 이야기를 읽으며 문장을 차례대로 나열하세요.

읽기 후 이야기 바꾸어 낭독극하기

등장인물의 이름과 잃어버린 물건(teddy bear)을 다른 단어로 바꾸어 이야기를 만들고 낭독극으로 꾸며봅니다. 친구들이 바꾼 이름과 물건을 기록하여 다른 모둠의 이야기 낭독에 집중하게 합니다.

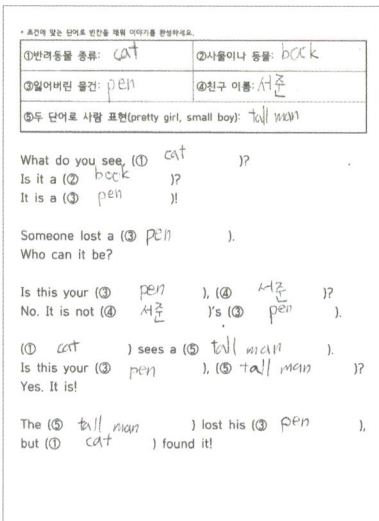
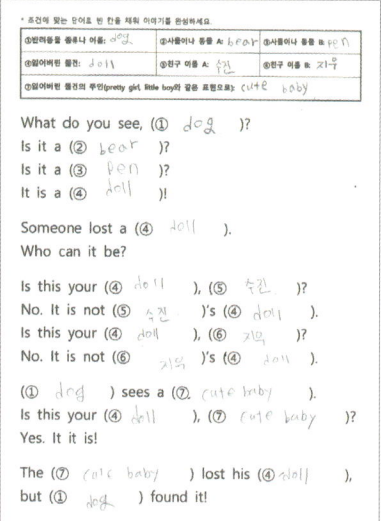

Teacher's talk

Change the characters and objects in the story and read it aloud.
인물과 사물을 다른 단어로 바꾸어 이야기를 만들고 읽어보세요.

아이들의 한 뼘 성장

- 내가 만든 워드서치 문제를 친구가 푸는 것이 짜릿했다.
- 새로 바꾼 이야기를 읽으니까 좀 떨렸다. 다음에는 더 잘할 수 있을 것 같다.

12
감정이나 상태를 표현하기 (1)

그림책 소개 및 활용

고릴라의 상황을 통해 감정을 알려주는 Anthony Browne(앤서니 브라운)의 그림책입니다. 이 책을 통해 단순한 단어로 일관하는 아이들의 감정을 훨씬 풍부하게 표현하도록 도와줄 수 있습니다. 주인공의 표정과 장면에 집중하며 감정이나 상태를 표현하는 다양한 어휘를 익힙니다.

How Do You Feel?

어휘 및 표현

How do you feel?, I feel + 형용사.
bored, lonely, happy, sad, angry, guilty, curious, surprised, confident, shy, worried, silly, hungry, full, sleepy, sometimes, a bit, often

그림책 활동

읽기 전 PMI로 감정 분류하기

내가 좋아하거나 싫어하는 감정, 또는 흥미롭다고 생각하는 감정(Plus-Minus-Interesting)으로 단어를 분류합니다. PMI로 감정을 분류하거나 각자 생각하는 기준대로 자유롭게 분류하게 합니다. 분류하는 과정에서 자연스럽게 단어를 읽고 의미를 살펴볼 수 있습니다.

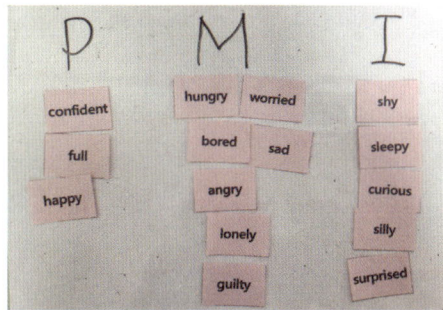 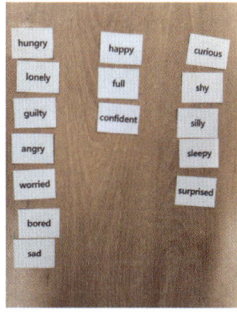 

아이들이 만든 분류 기준 예시		
긍정적인 단어와 부정적인 단어	긴 단어와 짧은 단어	라임이 있는 단어와 없는 단어

Teacher's talk

If you categorize emotions or feelings, how would you divide them?
감정이나 기분을 나눈다면, 어떻게 분류할 수 있을까요?

읽기 중 장면과 어휘 연결하기

이야기를 읽으며 그림과 어울리는 단어를 추측하고, 읽기 전에 썼던 단어 조각을 다시 활용하여 장면과 매치시킵니다. 순서대로 장면이 나열된 표에 단어와 그림을 연결하고 의미를 시각적으로 익힙니다.

> **Teacher Talk**
>
> **Guess which emotion words go in the blanks.**
> 빈칸에 어떤 감정 단어가 들어갈지 추측해보세요.
>
> **Read the story and match the words that describe the scene.**
> 이야기를 읽으면서 장면에 어울리는 단어를 연결해보세요.

읽기 후 보석 마음 사전 만들기

손으로 펼치면 숨은 어휘를 한눈에 볼 수 있는 보석 마음 사전을 만들며 어휘를 정리합니다. 책 속의 감정 어휘나 더 알고 싶은 어휘를 찾아 뜻과 함께 사전의 반을 채웁니다. 친구와 묻고 답하는 대화를 연습하며 나머지 반쪽을 채웁니다.

> **Teacher's talk**
>
> **Fill in the jewelry dictionary with emotion words and their meanings.**
> 보석 마음 사전에 감정 어휘와 뜻을 채우세요.

Ask and answer each other using the dictionary you made.
만든 사전을 보며 친구와 대화를 연습하세요.

읽기 후 인사이드 아웃! 마음을 맞혀봐!

　책의 장면을 흉내 낸 친구의 표정을 보고 어떤 감정인지 맞혀봅니다. 같은 표정에서도 읽을 수 있는 감정이 여러 가지이므로 친구의 마음을 맞혀보며 재미있게 어휘를 익히게 합니다. 프레임을 사용하여 재미를 극대화할 수 있습니다.

Teacher's talk

Choose an emotion you can feel from your friend's face and write it down.
친구의 표정에서 느낄 수 있는 감정을 한 가지 골라 쓰세요.

아이들의 한 뼘 성장

- 감정을 여러 가지 기준으로 나눌 수 있다는 걸 알았다.
- 친구의 표정을 보고 마음을 맞추는 게 어려웠지만 즐거웠다.

13
감정이나 상태를 표현하기(2)

그림책 소개 및 활용

Anthony Browne(앤서니 브라운)의 책에서 감정 표현을 심화하거나 확장하고 싶을 때, Patrick George(패트릭 조지)의 책을 활용할 수 있습니다. 풍선이라는 매개체를 통해 다소 까다로울 수 있는 감정 관련 어휘들을 감각적이고 신선한 시선으로 이해하고 받아들이도록 도와줍니다. 나만의 개성을 담은 이 모티콘으로 감정을 재미있게 표현해 보며 어휘를 익히는 수업으로 활용합니다.

How Do You Feel?

어휘 및 표현

How do you feel?, I feel + 형용사.
happy, sad, angry, afraid, brave, hopeful, thoughtful, different, accepted, lucky, proud, invisible, playful, shy, embarrassed, cheeky, bored, jealous, frustrated, curious, confused, abandoned, anxious, excited, sleepy, special, loved

그림책 활동

읽기 전 장면 보고 감정 떠올리기 ⬇

 몇 가지 장면을 보고 친구들과 이야기하며 자유롭게 감정을 추측해봅니다. 풍선으로만 표현된 그림에서 작가의 의도를 생각해보며 감정에 관한 다양한 어휘를 떠올려보는 것에 중점을 두어 활동합니다.

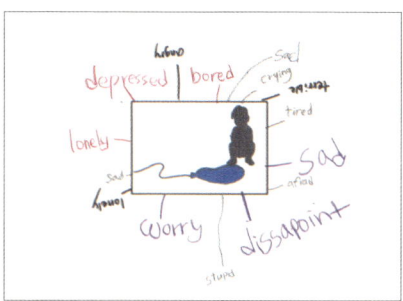 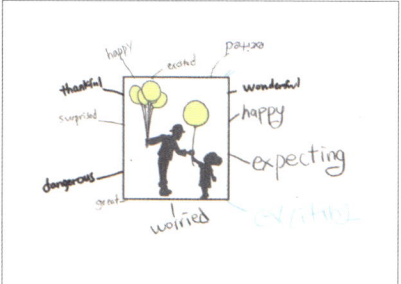

Teacher's talk

Look at the balloons in the picture.
그림에서 풍선을 잘 살펴보세요.

How do you feel when looking at this picture?
어떤 기분이나 감정이 느껴지나요?

읽기 중 문장 피하며 읽기 ⬇

 책의 문장을 나열한 표에서 각자 한 문장을 골라 공책에 씁니다. 모둠 안에서 돌아가며 한 문장씩 읽고 읽은 문장을 표에 표시합니다. 공책에 썼던 문장이 불리는 사람은 아웃이 되며 끝까지 문장이 불리지 않으면 이깁니다. 아웃 된 사람도 계속 참여할 수 있어서 모두가 읽기를 연습하기 좋은 활동입니다. 표를 리셋하여 다음 라운드를 진행할 때는 단계를 높여 두 문장, 세 문장을 골라 쓰는 것으로 속도감과 재미를 더할 수 있습니다.

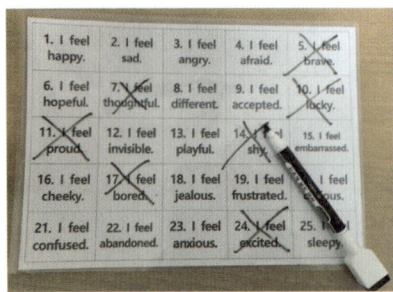 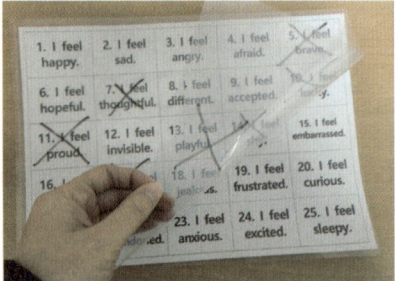

> **Teacher's talk**
>
> Choose two sentences from the table and write them in your notebook.
> 표에서 두 문장을 골라 공책에 쓰세요.
>
> Take turns reading a sentence aloud and cross it out.
> 돌아가며 한 문장씩 읽고 그 문장을 지우세요.

읽기 후 감정 풍선 부채 만들기

풍선의 얼굴과 표정을 상상하여 나만의 이모티콘으로 디자인합니다. 감정이 표정에 잘 드러나도록 이모티콘의 모양을 생각해 보면서 어휘를 감각적으로 익힙니다.

완성된 감정 이모티콘을 투명한 부채 위에 디자인하고 단어도 함께 씁니다. 감정 풍선 부채 만들기를 통해 다양한 어휘를 시각적으로 재미있게 익힙니다.

 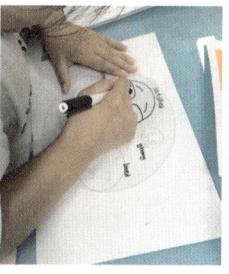  

| 종이에 디자인하고 표현 쓰기 | 유성펜으로 부채 위에 테두리 따라 그리기 | 반대쪽으로 뒤집어 색깔 채우기(번짐X) | 부채 완성하기 |

Teacher's talk

If balloons had faces, what expressions would they have?
풍선에도 얼굴이 있다면 어떤 표정일까요?

Create your own emoticon and design a balloon fan with it.
나만의 이모티콘을 만들고 풍선 부채를 디자인해보세요.

아이들의 한 뼘 성장

- 풍선만으로 이렇게 많은 감정을 표현할 수 있다는 게 놀랍다.
- 감정을 이모티콘으로 표현하고 부채로도 만들어서 정말 좋았다.

14
함께 하기를 권유하기

그림책 소개 및 활용

Cori Doerrfeld(코리 도어펠드)의 그림책으로 상심한 주인공 Taylor와 동물 친구들을 따뜻한 그림체로 만날 수 있는 이야기입니다. 다양한 제안을 하는 동물들을 통해 타인을 위로하는 법과 경청의 중요성을 배울 수 있습니다. 동물들이 무언가 함께 하자고 반복하는 표현을 활용하여 제안하거나 권유하는 수업을 할 수 있습니다.

The Rabbit Listened

어휘 및 표현

Let's + 동사원형.
talk, shout, fix, hide, throw it away, go knock down.

그림책 활동

읽기 전 경험 나누기

슬픈 일이 있었을 때와 누군가의 위로를 받아본 기억을 떠올려봅니다. 또 친구가 슬퍼할 때 나는 어떻게 위로해 주었는지에 대한 경험도 자유롭게 나눕니다.

> **Teacher's talk**
>
> What did people say to you when you were sad?
> 여러분이 속상할 때 사람들은 무슨 말을 해주었나요?
>
> What did you do for your friends when they were sad?
> 친구가 슬퍼할 때 여러분은 어떻게 해주었나요?

읽기 중 순서 배열하여 이야기 연결하기

이야기를 읽으며 등장하는 동물을 순서대로 놓아봅니다. 순서를 찾은 후에는 동물과 권유한 내용을 서로 연결합니다. 순서를 파악하고 내용을 연결하기 위해 집중해서 듣거나 읽게 하는 효과가 있습니다.

> **Teacher's talk**
>
> Cut the animal pictures and place them in order.
> 동물 그림을 오려 순서대로 놓아보세요.
>
> Match each animal with the way it tried to help Taylor.
> 각각의 동물이 타일러를 도와주려고 한 방법을 연결해 보세요

읽기 후 슬픔 위로법 찾기

슬픔에 빠진 친구를 어떻게 위로할 수 있을지 함께 생각해 봅니다. 동물들이 주인공을 도와주려 했듯이 우리만의 아이디어를 생각하여 Let's를 사용한 문장으로 나타냅니다.

 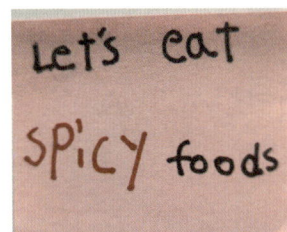 

> **Teacher's talk**
>
> What would you say if something sad happened to your friend?
> 친구에게 슬픈 일이 생긴다면 뭐라고 말해줄 수 있을까요?

읽기 후 타일러를 위한 여행코스 짜기

주인공 타일러를 위한 힐링 여행코스를 만들어봅니다. 멋진 곳으로 여행을 떠나는 것도 좋은 위로가 될 수 있으므로 장소를 정하여 그곳에서 가능한 다양한 활동을 계획합니다. 함께 하기를 제안하는 문장을 쓰고 여행코스를 완성하여 짝과 읽으며 표현을 연습합니다.

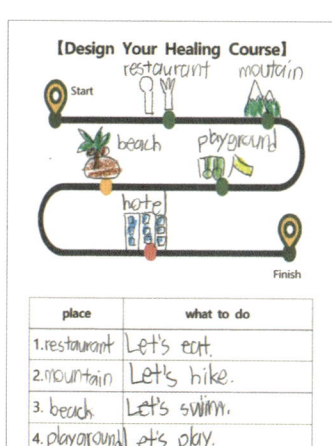 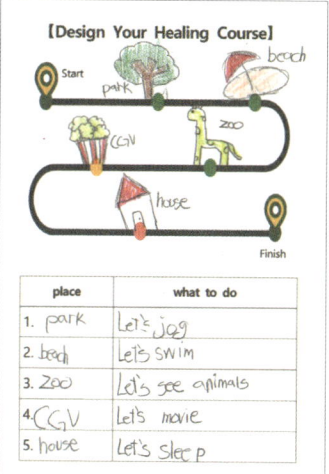

> **TIP** 아이들이 관심을 가질만한 주제(해외여행, 맛 기행 등)를 자유롭게 정하고 표현할 수 있게 하여 흥미를 갖고 창의적인 여행코스를 짜도록 격려합니다.

Teacher's talk

Think about where to go and what to do on your tour.
여행코스에서 어디를 갈지, 가서 무엇을 할지 생각해보세요.

Discuss with your friends and plan a fun and exciting course.
친구들과 상의하여 멋지고 재미있는 여행코스를 짜보세요.

아이들의 한 뼘 성장

- 토끼가 아무 말 없이 아이를 위로해 준 장면은 다시 보고 싶다.
- 슬픈 친구의 말을 잘 들어주는 것이 중요하다는 걸 배웠다.

15

시각과 일과를 표현하기

그림책 소개 및 활용

늘대의 하루에 관한 이야기로 시각을 물으면 늘대가 답하고 무엇을 할 시간인지까지 표현하는 구조로 이야기가 반복됩니다. 헝겊으로 된 늘대 얼굴에 손가락을 끼워 움직이며 볼 수 있는 책으로 아이들의 흥미를 유발하기 좋습니다. 늘대의 하루에 관한 이야기를 통해 시각과 일과에 관한 표현을 익힐 수 있습니다.

What's the Time, Mr Wolf?

어휘 및 표현

What's the time?, It's + 숫자 + o'clock. / Time to + 동사원형.
get up, brush my teeth, get dressed, to read a book, clean the dining-room, fetch the table cloth, set the table
Time for + 명사. breakfast, play school, lunch, nap

그림책 활동

읽기 전 어구 퍼즐로 표현 살피기 ⬇

퍼즐 조각을 맞추며 단어와 어구의 뜻을 확인합니다. 퍼즐을 완성하고 읽으며 일과에 관한 표현을 덩어리(chunk)로 습득하고 이해하는 연습을 할 수 있습니다.

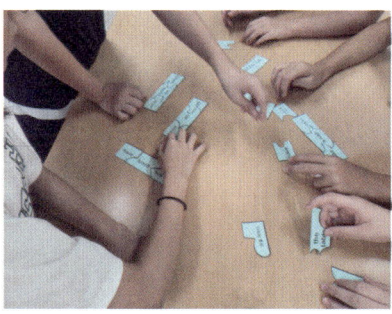 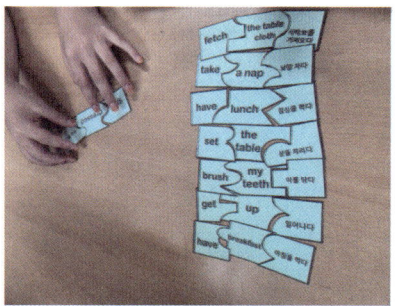

Teacher's talk

Do the puzzle, find the expressions, and learn the meaning.
퍼즐을 연결하여 표현을 살펴보고, 뜻을 익히세요.

읽기 중 늑대의 일과 정리하며 읽기 ⬇

늑대의 일과 시각에 집중하며 이야기를 듣습니다. 표현을 확인하고 시각을 써보는 활동을 통해 이야기의 흐름에 집중하게 됩니다. 이야기를 다시 듣거나 읽으며 늑대의 일과를 표로 기록할 수도 있습니다. 일과표를 보고 읽으며 시각을 묻고 답하는 말을 연습합니다.

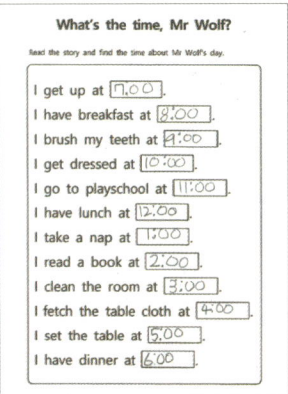
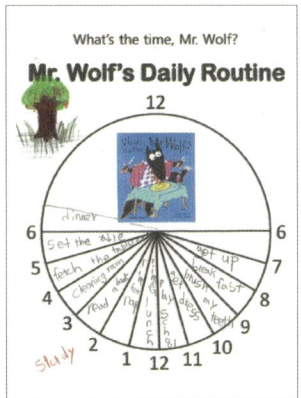

> **Teacher's talk**
>
> **Read the story focusing on the wolf's work and time.**
> 늑대의 일과 시각에 집중하며 이야기를 읽어보세요.

읽기 후 나의 일과 만화로 표현하기

나의 하루를 만화로 그리고 일과에 관한 표현을 내면화합니다. 만화를 친구들에게 소개하거나 돌려 읽으며 나와 비슷하거나 다른 점을 찾아봅니다.

> **Teacher's talk**
>
> **Let's make a comic strip about your day and share it with each other.**
> 나의 하루를 만화로 표현하고 친구들과 나눠 읽어보세요.

> **읽기 후** 나의 일과표 만들기

늑대의 일과를 참고하여 나의 일과를 생각하고 정리해봅니다. 때에 맞게 해야 할 일을 기록한 뒤, 짝과 대화하며 삶과 연결된 실제적인 말하기를 연습합니다.

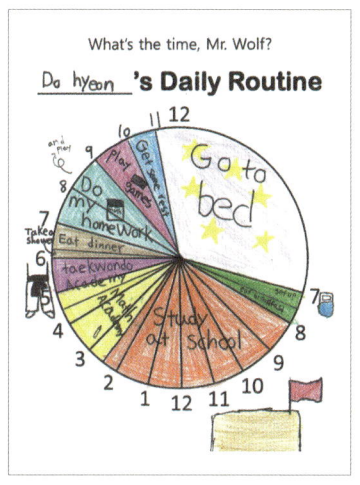
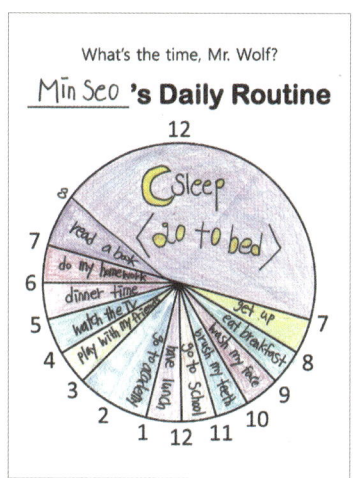

> **Teacher's talk**
>
> Make your own daily schedule and practice speaking with your partner.
> 자신의 일과표를 만들고, 짝과 대화를 연습하세요.

> **아이들의 한 뼘 성장**

- 공부를 하지 않는 늑대의 하루가 부러웠다.
- 만화나 일과표에 필요한 내 생활을 영어로 써보면서 많이 배울 수 있었다.

16

무엇을 할 시간인지 표현하기

그림책 소개 및 활용

부부 작가인 Audrey Wood(오드리 우드)와 Don Wood(돈 우드)의 작품으로 재미와 엉뚱함이 담긴 책입니다. 목욕을 너무 좋아해서 욕조에서 나오지 않는 왕을 설득하기 위한 신하들의 에피소드를 담고 있습니다. 섬세하고 화려하게 묘사된 그림을 통해 중세의 궁중 문화와 옷차림을 감상하기 좋습니다. 욕조에서 왕을 나오게 하려는 신하들의 반복된 문장을 활용하여 무엇을 할 시간인지 표현하는 수업으로 연결합니다.

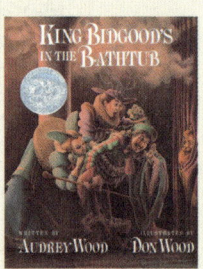

King Bidgood's in the Bathtub

어휘 및 표현

Get out! It's time to + 동사원형!
page(시동: 시중들던 아이 종), help, cry, bathtub, knight, battle, tub, queen, lunch, sank, low, fish, dark, masquerade ball, tonight, dance, pull, plug

그림책 활동

읽기 전 단어 고르기

제시된 단어 중에서 이야기와 관련 있을 것 같은 단어를 찾아봅니다. 단어 다섯 개를 고르는 활동이지만, 사실은 제시된 모든 단어가 이야기에 등장하기 때문에 단어를 보며 고민하는 동안 자연스럽게 뜻을 살피고 익히게 됩니다.

Teacher's talk

Find the words that match with the story.
이야기와 관련된 단어를 찾아보세요.

읽기 중 결말 예상하며 읽기

왕이 욕조에서 나오는 마지막 장면을 읽기 전에 예상하게 합니다. 시동이 어떤 기발한 아이디어로 왕을 욕조에서 나오게 했을지 의견을 나누며 읽기에 흥미를 더합니다. Words Select 활동지에서 힌트를 얻게 할 수 있습니다.

Teacher's talk

How can the page get the king out of the bathtub?
시동이 어떻게 왕을 욕조에서 나오게 했을까요?

읽기 중   그림을 살피며 읽기

장면을 천천히 보며 과장된 인물들의 표정, 귀족들의 옷차림과 배경 등을 관찰합니다. 왕이 하는 일이 바뀔 때마다 바빠지는 시동의 모습을 찾아보는 것도 재미있습니다.

> **Teacher's talk**
>
> Read and find the page in each scene.
> 각 장면에서 시동의 모습을 찾으며 읽어보세요.

읽기 후   이야기 만들기

재미있는 의성어를 생각하여 창의적으로 이야기를 만들어봅니다.

> **Teacher's talk**
>
> Make a new story with your own ideas.
> 나만의 아이디어로 새로운 이야기를 만들어보세요.

아이들의 한 뼘 성장

- 그림이 작품같이 화려하고 볼거리가 많다.
- 마지막에 왕이 어떻게 될지 상상하면서 읽는 것이 재미있었다.

17

요일을 묻고 답하기

도서 영상

그림책 소개 및 활용

배고픈 애벌레의 성장 과정이 독특한 그림체로 잘 표현된 Eric Carle(에릭 칼)의 그림책입니다. 부지런히 먹던 애벌레가 번데기를 거쳐 나비가 되어가는 일주일을 통해 요일의 이름을 음식과 연결하여 재미있게 배울 수 있습니다. 지문 스탬프로 애벌레를 표현하며 시각과 촉각을 골고루 활용하여 요일 단어를 익히고, 이야기의 흐름을 파악하여 요일 책을 만든 뒤, 이를 활용하여 요일을 묻고 답하는 수업으로 연결합니다.

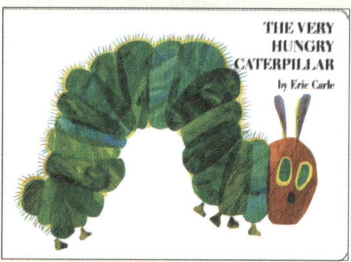
The Very Hungry Caterpillar

어휘

Sunday, Monday, Tuesday, Wednesday, Thursday, Friday, Saturday, egg, leaf, caterpillar, hungry, apple, pears, plums, strawberries, oranges, pickle, salami, lollipop, cherry pie, sausage, watermelon, stomachache, cocoon, butterfly

그림책 활동

읽기 전 요일별 음식 연결하기

요일에 따라 애벌레가 어떤 음식을 먹을지 예상하여 연결해봅니다. 그림을 보며 음식의 이름을 추측하고 요일의 이름을 미리 살펴보는 것으로 읽기를 준비할 수 있습니다.

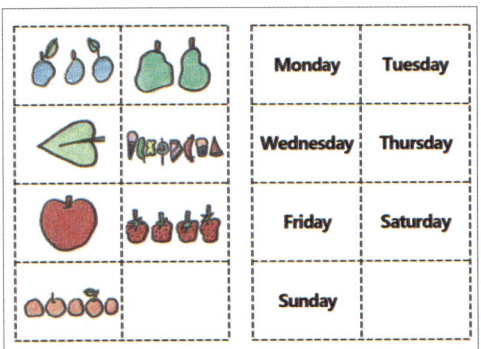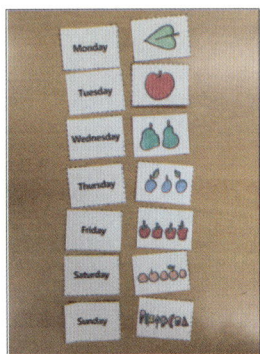

> **TIP** 음식의 개수가 다른 점을 고려하여, 애벌레가 먹는 음식의 양이 늘어난다는 힌트를 줄 수 있습니다.

Teacher's talk

Imagine a very hungry caterpillar eating different food every day.
매일 다른 음식을 먹는 배고픈 애벌레를 상상해 보세요.

Match the food with the day of the week.
요일에 따라 먹는 음식을 연결해 보세요.

읽기 중 요일과 음식 다시 연결하기

이야기를 읽으며 요일과 음식의 짝을 다시 연결합니다. 예상과 얼마나 맞는지 확인하여 읽기에 집중하게 됩니다.

> **Teacher's talk**
>
> Focus on the day and the food, and reconnect the day and the food.
> 음식과 요일에 집중하며 짝을 다시 연결지어 보세요.

읽기 후 Days in Fingerprint Caterpillar

애벌레의 몸통이 될 부분에 네임펜으로 요일을 쓴 뒤, 지문 스탬프를 찍어 애벌레를 완성합니다. 시각과 촉각을 자극하며 재미있게 요일을 익힐 수 있습니다.

> **Teacher's talk**
>
> Stamp your fingerprints to make caterpillars and write the days of the week on them.
> 지문 스탬프를 찍어 애벌레를 만들고 그 위에 요일을 쓰세요.

읽기 후 Caterpillar 요일 책 만들기

파노라마 책으로 애벌레의 일주일을 표현해봅니다. 음식과 요일을 차례로 연결한 뒤, 친구와 함께 그림을 보고 요일을 묻고 답합니다.

| A4용지 8칸으로 접어 길게 반 자르기 | 한 칸 겹쳐 이어 붙이기 | 머리와 꼬리로 책 표지 꾸미기 | 요일과 음식으로 6칸 몸통 채우기 |

Teacher's talk

Make a panoramic book to represent the caterpillar's week.
파노라마 책을 만들어 애벌레의 일주일을 표현해보세요.

Look at the food, and ask your friend about which day of the week it is.
음식을 보며 친구와 요일을 묻고 답하세요

아이들의 한 뼘 성장

- 스탬프로 애벌레의 몸통을 만드는 게 재미있어서 또 하고 싶다.
- 만든 책이 애벌레 모양처럼 펼쳐지는 게 신기하고 애벌레가 친근하게 느껴진다.

18
요일과 날씨를 표현하기

그림책 소개 및 활용

매일 달라지는 날씨에 따라 다양한 경험을 하는 늑대의 일주일에 관한 이야기입니다. 달라지는 옷차림을 통해 날씨 관련 어휘를 이해할 수 있으며 늑대가 겪는 엉뚱한 상황이 만화 형식으로 표현되어 흥미롭게 즐기기 좋습니다. 요일과 날씨, 옷차림에 관한 표현을 동시에 배울 수 있는 그림책이므로 관련 단원을 통합하거나 재구성하는 수업에 활용할 수 있습니다.

Mr Wolf's Week

어휘 및 표현

On + 요일, it was + 형용사(날씨).
Monday, Tuesday, Wednesday, Thursday, Friday, Saturday, Sunday, wet, foggy, cold, snowy, windy, sunny, hot

그림책 활동

읽기 전 날씨 표현 상기하기

가면을 활용하여 날씨를 영어로 말하고 관련 표현을 상기합니다. 교사가 직접 쓰고 보여주는 것도 좋지만 아이들이 나와 하나씩 쓰고 발화하게 하면 흥미를 유발하기에 더 좋습니다. 가면이 없다면 날씨와 관련한 여러 소품(우산, 목도리, 모자 등)을 활용하여 표현을 발화하게 유도할 수 있습니다.

Teacher's talk

Look at the your friend's weather mask and say the weather.
친구가 쓴 날씨 가면을 보고 날씨를 말해보세요.

Look at the items and say the weather.
물건들을 보고 어떤 날씨인지 말해보세요.

읽기 중 질문하여 읽기

날씨를 표현하는 문장을 읽은 후 곧바로 확인하는 질문을 하며 읽습니다. 교사의 질문에 답하는 동안 요일과 날씨를 묻는 문장에 익숙해지고 자연스럽게 발화하는 연습을 할 수 있습니다.

책의 문장	질문
On Monday, it was wet.	What day is it? How's the weather?
On Tuesday, it was windy.	What day is it? How's the weather?

> **TIP** 과거형으로 표현된 문장이지만 수업에서 활용할 때는 시제에 크게 신경 쓰지 않고 자연스럽게 현재형의 문장을 익히게 해도 좋습니다.

읽기 중 순서대로 배열하기

요일에 따른 날씨가 차례대로 전개되는 책이므로 이야기를 들으며 장면을 배열하기 좋습니다. 요일에 따라 다른 날씨와, 그 날씨에 맞는 경험을 하는 늑대의 모습을 순서대로 놓아봅니다. 장면의 순서를 배열하는 동안 날씨에 관한 단어를 떠올리고 문자와 연결하여 습득할 수 있습니다.

> **Teacher's talk**
>
> Listen to the story and put the days, weather, and pictures in order.
> 이야기를 들으며 요일, 날씨, 장면을 순서대로 배열해보세요.

읽기 후   A4 미니북 만들기

요일과 날씨를 요약한 문장으로 된 미니북을 만듭니다. A4용지를 접어 장면을 색칠하고 주요 단어를 따라 쓰며 재미있게 표현을 익힙니다. 수준에 따라 빈 종이에 날씨의 순서를 바꾸어 새로운 이야기를 꾸며보는 활동을 해도 좋습니다.

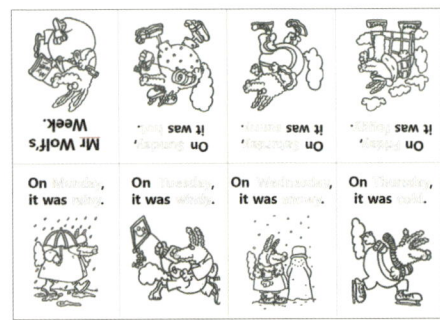 

> **Teacher's talk**
>
> Color the pictures and trace the key words.
> 장면을 색칠하고 주요 단어를 따라 쓰세요.

아이들의 한 뼘 성장

- 친구들 앞에서 날씨 가면을 쓰는 게 부끄럽기도 하고 신나기도 했다.
- 늑대의 일주일을 통해 날씨를 배우니 어렵지 않았다.

19
모양과 특징을 묘사하기

그림책 소개 및 활용

Maisy 시리즈의 작가 Lucy Cousins(루시 커즌스)의 책으로 바닷속 물고기를 통해 모양과 특징에 관한 다양한 단어를 만나게 됩니다. 책에 등장하는 물고기들은 모두 생김새가 다르고 개성이 뚜렷하지만, 선명하고 직관적인 그림 덕분에 의미를 쉽게 파악할 수 있습니다. 크기, 색깔, 무늬와 모양을 표현하는 다양한 어휘를 익히고 확장하는 수업에 활용합니다.

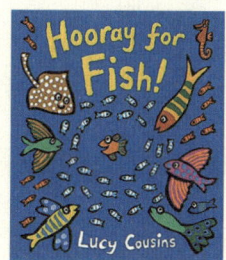

Hooray for Fish!

어휘

fish, red, blue, yellow, spotty, stripy, happy, grumpy, shelly, hairy, scary, eye, shy, fly, sky, fat, thin, twin, fin, curly, whirly, twisty, twirly, upside down, round, hooray

그림책 활동

읽기 전 반대어와 라임 찾기

물고기를 설명하는 여러 단어를 보며 간단한 그림으로 표시하게 합니다. 의미를 확인한 후 단어 카드를 잘라, 서로 의미가 반대인 단어와 라임을 이루는 단어끼리 짝을 짓습니다. 반대어와 라임을 미리 찾아봄으로써 의미와 운율을 쉽게 알아차려 책을 더 재미있게 읽게 하는 효과가 있습니다. 그 외에도 각자의 기준을 생각하고 짝을 지어보는 활동을 통해 단어를 골고루 살펴보게 합니다.

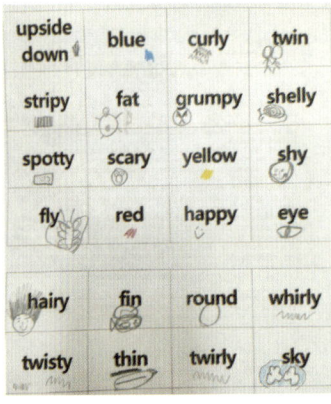 

Teacher's talk

Draw and color a simple picture of each word.
단어를 살펴보고 색칠하거나 간단히 그림을 그려보세요.

Cut out the cards, find the opposites and rhyming pairs.
단어 카드를 오려 반대말과 라임 짝을 찾아보세요.

읽기 중 표현 추측하며 읽기

아이들이 발화하기 쉬운 단어를 가리고 그림으로 추측하게 하여 함께 읽습니다. 반대되는 단어나 라임을 이루는 단어를 가리는 것도 답을 맞히고 어휘를 익히는 데 도움이 됩니다. 읽기 전에 미리 살펴보았던 단어를 힌트 삼아 예상하게 하여 단어를 반복하여 살펴보게 유도합니다.

> **Teacher's talk**
>
> Look at the picture and guess the hidden word.
> 그림을 보고 가려진 단어를 추측해보세요.
>
> Look at the word cards and guess the answer.
> 단어 카드를 찾아보고 답을 맞혀보세요.

읽기 후 물고기 이름 짓기

개성이 담긴 나만의 물고기를 생각하여 단어의 의미가 잘 드러나게 디자인합니다.

꾸민 물고기를 잘라서 한데 모은 뒤 작품을 보며 서로의 물고기에 이름을 지어줍니다. 모양에 어울리는 단어를 생각하며 표현을 탐색하는 기회가 되게 합니다. 친구들이 붙인 포스트잇을 보고 내가 의도했던 이름과 일치하는지 비교하며 재미있게 어휘를 학습합니다.

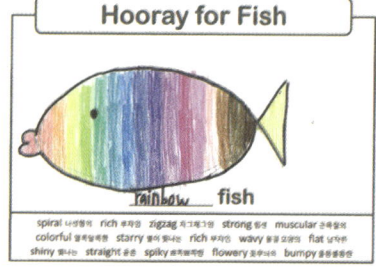
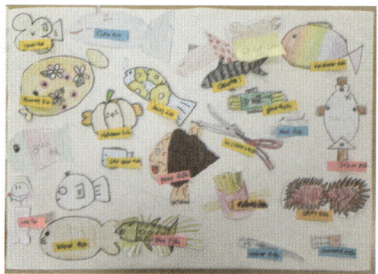

> **TIP** 같은 물고기를 표현하는 여러 단어가 있을 수 있으므로 협의하며 어울리는 이름을 지어보도록 격려합니다.

Teacher's talk

Make fish of various colors and shapes.
다양한 색과 모양의 물고기를 만들어보세요.

Write names for your friends' fish on a post-it note.
친구들의 물고기에 어울리는 이름을 지어 포스트잇에 쓰세요.

아이들의 한 뼘 성장

- 물고기를 만들어 이름까지 붙여주니 내 물고기가 그림책 속으로 들어간 것 같다.
- 창의적인 모양의 물고기를 보며 이름 붙여주기를 해보고 싶다.

20
물건의 위치를 묻고 답하기

그림책 소개 및 활용

Emily Gravett(에밀리 그래빗)의 Bare and Hare 시리즈 중의 하나로 숨바꼭질 놀이를 통해 위치를 나타내는 다양한 전치사를 골고루 다루는 책입니다. 단순하면서도 핵심을 표현하는 글과 그림을 통해 읽는 즐거움을 느낄 수 있습니다. 곰과 토끼가 서로를 찾아가는 상황을 활용하여 물건의 위치를 묻고 답하는 표현을 익힙니다.

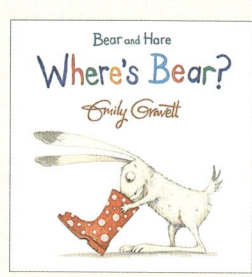

Where's Bear?

어휘 및 표현

Where's Bear(Hare)?

hide and seek, there, inside the pot, under the rug, behind the picture, under the duvet, under the lampshade, behind the books, in the fish tank

그림책 활동

읽기 전 숨바꼭질 장소 찾기

곰과 토끼가 교실에서 숨바꼭질을 한다면 어디에 숨을 수 있을지 이야기 나눕니다. 교실 안의 사물을 사용하여 숨을 곳에 대한 아이디어를 주고받으며 위치를 나타내는 표현을 자연스럽게 알게 합니다.

교사	전체
Where can they hide?	under the teacher's desk in the locker behind the TV behind the door

Teacher's talk

Do you like playing hide and seek?
여러분은 숨바꼭질을 좋아하나요?

If Bear and Hare play hide and seek, where could they hide?
곰과 토끼가 숨바꼭질한다면 어디에 숨을 수 있을까요?

읽기 중 라임 단어 찾으며 읽기

이야기를 읽는 동안 라임이 있는 단어(where, bear, hare, there)를 찾습니다. 4개의 라임 단어가 나올 때마다 단어를 들어 올리며 함께 읽습니다. 개별로 하거나 모둠별로 먼저 들어 올리는 놀이로 활동할 수 있습니다. 리듬감을 느끼며 즐거운 읽기 활동이 되도록 합니다.

> **Teacher's talk**
>
> Lift the stick every time you hear the words.
> 단어를 들을 때마다 막대기를 들어 올리세요.

읽기 후 한 장면 더하기

숨바꼭질할 때 숨기 좋은 장소를 생각하여 그림과 어구로 나타냅니다. 생각한 장소와 위치를 떠올리고 표현하며 어휘를 확장할 수 있습니다.

> **Teacher's talk**
>
> Where can we hide when we're playing hide and seek?
> 숨바꼭질할 때 어디에 숨으면 좋을까요?
>
> Think of some places and show them with pictures and words.
> 장소를 생각하며 그림과 단어로 표현해보세요.

아이들의 한 뼘 성장

- 라임 단어를 찾으려고 귀를 기울이며 들으니 생각보다 더 재미있었다.
- 나도 토끼와 곰처럼 친구들과 숨바꼭질을 하고 싶어졌다.

21
할 수 있는 것을 묻고 답하기

그림책 소개 및 활용

여러 동물의 모습으로 할 수 있는지에 관한 표현을 배울 수 있는 John Butler(존 버틀러)의 책입니다. 동물의 특징을 확인하고 책 속의 표현을 직접 따라 하며 행동과 동작에 관한 어휘들을 재미있게 익힐 수 있습니다. 동작을 나타내는 다양한 어휘를 활용하여 할 수 있는 것을 묻고 답하는 수업으로 연결합니다.

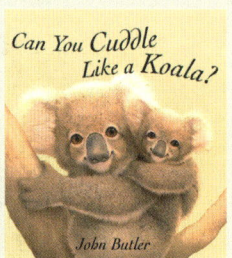

Can You Cuddle Like a Koala?

어휘 및 표현

Can you + 동사 + like a + 동물?

cuddle, creep, swing, wink, leap, stretch, splash, jump, hug, curl up, koala, mouse, monkey, owl, frog, tiger, otter, hare, bear, squirrel

그림책 활동

읽기 전 빙고 만들기

동물의 모습과 동작에 관한 어휘가 적힌 그림 카드 아홉 장을 3×3 빙고판에 원하는 대로 붙입니다. 차례대로 단어를 읽어가며 세줄 빙고 놀이를 합니다. 단어를 그림으로 미리 살피면서 의미를 파악하고 읽기를 준비할 수 있습니다.

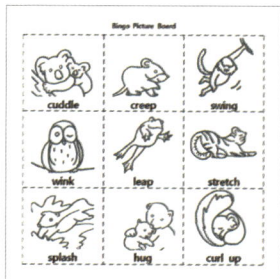 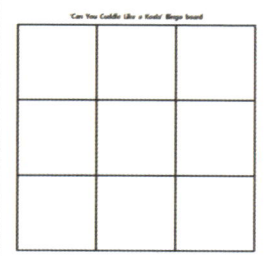 

Teacher's talk

Glue the picture where you want and make a bingo board.
그림 카드를 원하는 곳에 붙여 빙고판을 만드세요.

Read and listen to the words to play Bingo.
단어를 읽고 들으며 빙고 놀이를 해 보세요.

읽기 중 빈칸 추측하며 읽기

동물의 이름이나 동작에 관한 부분을 빈칸으로 제시하여 어떤 단어인지 추측하며 읽습니다. 그림을 보고 유추하는 과정을 통해 읽기에 능동적으로 참여하고 표현을 오래 기억하는 효과를 얻을 수 있습니다.

책의 문장	단어
Can you creep like a _____ ?	mouse
Can you _____ like a monkey?	swing
Can you _____ like an owl?	wink
Can you _____ like a _____ ?	stretch, tiger

> **Teacher's talk**
>
> **Guess a word to fill in the blank.**
> 빈 칸에 어떤 단어가 들어갈지 추측해보세요.

읽기 중 삼각형 읽기(Triangle Reading)

 삼각형 구조의 문장 쓰기를 통해 한 단어씩 문장의 길이를 확장하고 단계적으로 문장 읽기를 연습합니다. 긴 문장을 한 번에 발화하기 어려운 아이들이 차근히 읽기를 연습하기 좋습니다. 한 단어씩 추가되는 문장을 완성하고 그림과 의미를 연결하여 읽습니다.

> **Teacher's talk**
>
> Complete the sentence in a triangular structure and practice reading it.
> 삼각형 구조로 문장을 완성하고 읽기를 연습하세요.

읽기 중 보이는 라디오로 읽기

동작에 관한 표현을 몸으로 익히며 재미있게 읽기를 연습할 수 있습니다. 모둠에서 두 명이 이야기를 읽는 동안 나머지 두 명은 몸으로 표현하는 보이는 라디오를 진행합니다. 친구들의 발표를 귀로 듣고 눈으로도 보며 이야기를 읽습니다.

Can you creep like a mouse?

Can you stretch like a tiger?

> **Teacher's talk**
>
> Two people read the story and two people act out the scene.
> 두 명은 이야기를 읽고 두 명은 장면을 표현합니다.
>
> Listen to the story on a 'visible radio'.
> '보이는 라디오'로 이야기를 들어보세요.

읽기 후 친구 찾기

할 수 있는지 확인하는 질문을 생각해보고 조사 활동지를 만듭니다. 친구들을 만나 묻고 답하며 조사 결과를 기록합니다.

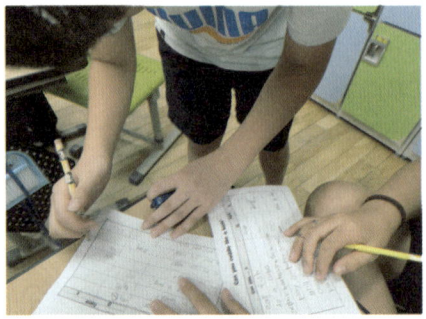

질문 예시	
Can you play the piano? Can you cook fried eggs? Can you ride a bike? Can you swim?	Can you make a paper plane? Can you eat spicy food well? Can you do the double jump rope? Can you play danso?

> **Teacher's talk**
>
> **Think of a question to ask your friends about what they can do.**
> 친구들에게 할 수 있는지 물어볼 질문을 생각해보세요.
>
> **Make the questionnaire and meet your friends to ask and answer.**
> 설문지를 채우고 친구들을 만나 묻고 답하세요.

아이들의 한 뼘 성장

- 삼각형 읽기로 문장을 차례대로 연습할 수 있어서 도움이 되었다.
- 문장을 보이는 라디오로 표현하는 활동을 할 때 시간 가는 줄 몰랐다.

22

직업을 묻고 답하기

그림책 소개 및 활용

빨랫줄에 걸린 옷과 물건들을 단서로 삼아 사람들이 어떤 일을 하는지 추리하도록 구성된 그림책입니다. 직업에 관련된 독특한 소품이나 의상을 통해 직업을 맞히면서 읽을 수 있어 흥미롭습니다. 요리사의 집에 농부가 채소를 배달하거나 집배원이 편지를 전하는 것처럼 여러 직업이 서로 연결된 장면을 찾아보는 것도 책을 재미있게 즐기는 방법입니다. 직업에 관한 다양한 어휘와 표현을 확장하며 직업을 묻고 답하는 수업으로 연결합니다.

Clothesline Clues to
Jobs People Do

어휘 및 표현

What job does he(she) do?
He(she) is a + 명사(직업).
mail carrier, farmer, chef, artist, carpenter, firefighter, astronaut

그림책 활동

읽기 전 노래로 직업 상기하기

다양한 직업이 등장하는 노래를 들으며 단어를 떠올립니다. 흥겨운 멜로디로 즐거운 분위기를 끌어내며 수업에 흥미를 갖게 할 수 있습니다. 노래를 들으며 어떤 직업이 나오는지 메모하며 듣게 해도 좋습니다.

Teacher's talk

Listen to the song and think about different kinds of jobs.
노래를 들으며 다양한 직업을 떠올려보세요.

읽기 중 번갈아 가며 읽기

빨랫줄에 걸린 옷이나 소품을 나열한 뒤 직업이 무엇이냐고 묻는 문장의 구조가 반복되므로, 단어를 나열하는 부분과 직업을 묻는 부분으로 나누어 번갈아 가며 읽을 수 있습니다. 옷이나 소품을 읽을 때 해당하는 그림을 가리키며 그림만으로도 뜻을 이해하고 어휘를 확장할 수 있게 합니다.

책의 문장 (교사)	반복되는 문장 (함께)
Uniform and cap, an invite for you. Big bag of letters.	What job does she do?
Oven mitts, apron, recipe for stew. Puffy hat and whisk.	What job does he do?

> **Teacher's talk**
>
> **Let's take turns reading the sentences.**
> 선생님과 번갈아 가며 문장을 읽어보세요.

읽기 후 그림 사전 (Pictionary)

그림 낱말 사전 만들기를 통해 어휘를 시각적으로 익혀봅니다. 활동지의 낱말 수를 달리하여 수준에 맞게 선택하여 활동하면 좋습니다. 표지를 보고 책에 나올 것 같은 직업을 예상하여 표현할 수도 있고, 책에 나오는 직업을 제시하여 표현하게 할 수도 있습니다. 단어를 미리 짚어보고 이해할 수 있게 도와주되, 수준에 따라 다양한 단어를 추가해 보도록 유도합니다.

4칸 사전   6칸 사전   9칸 사전

> **Teacher's talk**
>
> **Draw pictures of jobs and create your own picture dictionary.**
> 직업을 그림으로 표현하여 그림 사전을 만들어 보세요.

읽기 후 나의 빨랫줄 만들기

내가 표현하고 싶은 직업으로 그림책의 한 장면을 더할 수 있습니다. 활동지의 첫 줄만 힌트로 보여주고 직업을 맞히는 활동을 해도 좋습니다. 다양한 직업과 그 직업을 대표하는 단어를 떠올리며 어휘를 확장합니다.

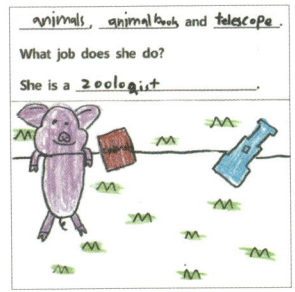 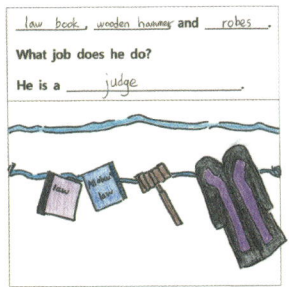 

> **Teacher's talk**
>
> **Think of three items related to a job.**
> 직업에 관련된 물건 세 가지를 생각하세요.
>
> **Use sentences from the book to create your own scene.**
> 책의 문장을 활용하여 새로운 장면으로 표현해 보세요.

읽기 후 Who Am I?

퀴즈밴드라는 보드게임에 착안하여 직업 관련 퀴즈 놀이를 할 수 있습니다. 모둠원이 돌아가며 주는 힌트를 듣고 술래가 자신의 머리띠에 꽂혀있는 직업을 알아맞히거나(방법1), 친구들의 몸짓 힌트를 보고 술래가 질문하여 스스로 답을 알아내도록(방법2) 활동할 수 있습니다. 퀴즈를 맞히면서 직업에 관한 어휘를 익히고 문장으로 말해보는 연습을 합니다.

방법1	방법2
술래: Who is he? 친구 1: uniform 친구 2: cap 친구 3: carry letters 술래: He is a mail carrier.	(친구 1, 2, 3의 몸짓) 술래: Is she a firefighter? 친구 1, 2, 3: No, she isn't. 술래: Is she an artist? 친구 1, 2, 3: Yes, she is.

 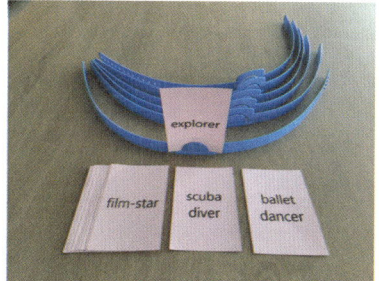

> **TIP** 힌트는 단어나 문장 등 자신의 수준에 맞게 주도록 하며, 술래가 모두의 힌트를 들은 후에 답을 말하게 하여 골고루 발표할 기회를 주도록 합니다.

Teacher's talk

Group members pick a card and place it in the headband.
모둠원들이 카드를 골라 술래의 머리띠에 끼우세요.

Listen to your friends' hints and guess what kind of job you have.
술래는 친구들의 힌트를 듣고 어떤 직업인지 맞혀보세요.

아이들의 한 뼘 성장

- 그림 사전으로 직업을 표현하니 몰랐던 단어가 더 잘 외워졌다.
- 머리에 밴드를 끼고 단어를 맞히는 게 재밌어서 계속 하고 싶어졌다.

23
진행 중인 일을 묻고 답하기

그림책 소개 및 활용

판다가 무엇을 만드는 중인지 친구들이 끊임없이 질문합니다. 하지만 판다는 기다리라고만 할 뿐 대답해주지 않습니다. 조급함을 견디지 못하는 친구들과 달리 참을성 있게 기다리는 펭귄의 모습을 통해 기다림의 가치를 배울 수 있는 책입니다. 판다에게 무엇을 만들고 있는지 묻는 친구들의 상황을 활용하여 무엇을 하고 있는지 묻고 답하는 표현을 익히는 수업으로 연결합니다.

I'll Wait, Mr Panda

어휘 및 표현

What are you making, Mr Panda?
Are you making + 명사, Mr Panda?
I'm waiting.
cookies, cupcakes, ready, surprise, worth

그림책 활동

읽기 전 이야기에 나올 음식 추측하기

두 주인공인 판다와 펭귄을 모습을 보며 어떤 내용일 것 같은지 예상해봅니다. 기다림에 관한 이야기라는 것을 확인한 뒤 이야기에 어떤 음식이 등장할지 추측하는 것으로 흥미를 불러일으킵니다. 친구들과 협의하여 이야기에 나올 열 가지 음식을 써보며 읽기를 준비합니다.

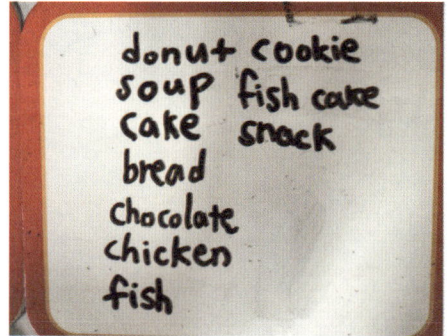 

Teacher's talk

What do you think Mr Panda and the penguin are doing?
판다와 펭귄이 무엇을 하고 있는 것 같나요?

Guess what kind of food will appear in the story.
이야기에 어떤 음식이 나올지 예상해보세요.

읽기 중 순서 배열하기(Story Sequencing)

순서에 따라 등장하는 동물을 배열하고 추측한 음식과 연결합니다. 음식을 언급하지 않은 동물의 칸은 물음표로 대신합니다. 이 활동으로 이야기의 흐름을 이해하며 내용을 집중해서 파악하도록 도울 수 있습니다.

> **Teacher's talk**
>
> **Which animal guessed which food?**
> 어떤 동물이 어떤 음식을 예상했나요?
>
> **Place the animals and the food in order.**
> 동물과 음식을 순서대로 놓아 연결해 보세요.

읽기 후 이야기 만들기

판다가 되어 만들고 싶은 음식을 창의적으로 생각해봅니다. 반복되는 책의 문장 구조를 활용하여 무엇을 만드는지 묻는 형식으로 이야기를 만듭니다.

> **Teacher's talk**
>
> **What would you want to make if you were Panda?**
> 내가 판다라면 무엇을 만들고 싶나요?

> 읽기 후   나의 기다림 표현하기

판다를 기다린 펭귄처럼, 자신이 기다리고 있는 것들을 생각하고 문장을 만들어 내면화합니다. 말풍선 포스트잇에 쓴 문장으로 짝과 묻고 답하기를 연습하며 서로의 아이디어를 살펴봅니다.

> **Teacher's talk**
>
> **Is there something you're waiting for?**
> 여러분이 기다리고 있는 것은 무엇인가요?

아이들의 한 뼘 성장

- 펭귄이 만드는 게 뭔지 너무 궁금해서 아마 나라도 참지 못했을 것이다.
- 동물들에게 인내심을 기르면 좋은 일이 생긴다고 알려주고 싶다.

24
원하는 음식과 맛을 표현하기

그림책 소개 및 활용

배고픈 생쥐가 맛있는 음식들을 찾아다니며 배를 채우는 과정을 담은 이야기입니다. 물감으로 찍은 듯한 투박한 그림체가 흥미로우며 감각적인 맛과 색깔 어휘로 과일과 채소의 이름을 익힐 수 있습니다. 생쥐가 먹는 음식에 대한 묘사를 활용하여 원하는 음식과 맛을 표현하는 수업에 활용합니다.

Lunch

어휘

mouse, hungry, crisp white turnip, tasty orange carrots, sweet yellow corn, tender green peas, tart blueberries, sour purple grapes, shiny red apples, juicy watermelon, crunchy black seeds

그림책 활동

읽기 전 단어 분류하기

생쥐의 점심에 대해 표현된 단어들을 살펴보고 맛, 색깔, 음식 이름으로 분류합니다. 단어를 주제별로 분류하는 동안 뜻을 생각하고 이야기에 나올 내용을 자연스럽게 예상해 볼 수 있습니다.

Teacher's talk

Look at the words and categorize them by meaning.
낱말을 살펴보고 뜻을 생각하여 범주에 따라 분류해보세요.

읽기 중 다음 장면 추측하며 읽기

앞 장면에서 힌트로 나온 음식을 다음 장면에서 생쥐가 먹는 구조로 반복되므로 이를 활용하여 다음 장면을 추측하며 읽을 수 있습니다. 교사의 질문에 I want 문장으로 대답하게 하여 표현을 익히고, 읽기에 적극적으로 참여시킵니다.

앞 장면	sweet yellow…(옥수수 그림 일부)
교사	Hey, mouse! What do you want next? I want …
전체	corn
다음 장면	생쥐가 옥수수를 먹는 그림
교사+전체	I want sweet yellow corn.

읽기 후 감각적으로 음식 묘사하기

생쥐가 원하는 다른 음식을 생각하여 책에서 묘사한 방법대로 표현합니다. 어순에 맞게 음식의 맛을 감각적으로 표현하며 짝과 함께 대화를 완성하고 원하는 음식과 맛을 표현하는 대화를 주고받습니다.

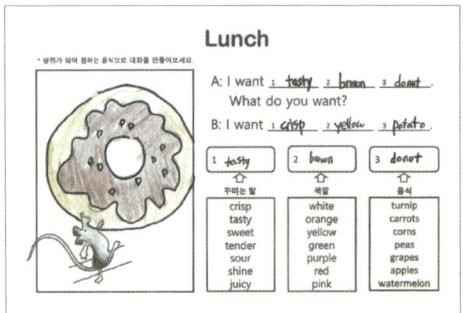
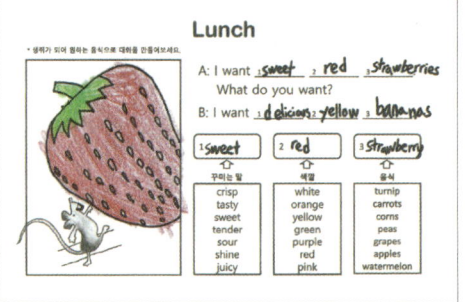

Teacher's talk

Complete the sentences with your partner and practice.
짝과 함께 문장을 완성하고 대화를 주고받으세요.

읽기 후 모둠 음식 나무 만들기

좋아하는 음식으로 열매를 채우며 맛에 대한 표현을 익히도록 유도합니다. 나무 모양 도안(트라앤아이 교구 활용)을 세로로 반 접고 뒷면을 서너 장 이어 붙여 모둠의 입체 나무로 세웁니다. 함께 만든 음식 나무로 대화를 연습합니다.

A	B
I want sweet brown donuts. What do you want?	I want soft yellow bananas.

아이들의 한 뼘 성장

- 생쥐가 먹는 음식을 예상하다 보니 어느새 책이 끝나 있었다.
- 맛을 표현하는 데도 순서가 정해져 있다는 걸 알았다. 다른 맛도 알아보고 싶다.

25

과일을 묘사하고
좋아하는 것을 예측하기

그림책 소개 및 활용

이웃 마을에 사는 친구에게 과일 바구니를 배달하는 주인공 한다의 여정을 그린 이야기입니다. 야생 동물들이 차례대로 과일을 가져가 버리는 이야기의 흐름을 따라가며 열대과일의 이름과 맛에 관한 표현을 자연스럽게 익힐 수 있습니다. 다양한 과일에 대해 묘사하는 법을 알고 다른 사람이 좋아하는 것에 대해 예상하는 표현을 배우는 수업으로 활용합니다.

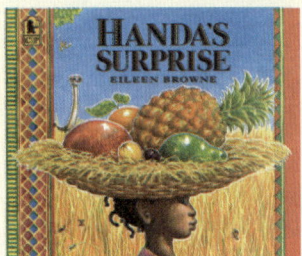

Handa's Surprise

어휘 및 표현

Will she like the + 형용사 + 형용사 + 명사(과일)?
soft yellow banana, sweet-smelling guava, round juicy orange, ripe red mango, spiky-leaved pineapple, creamy green avocado, tangy purple passion fruit, tangerines

그림책 활동

읽기 전 과일 연상하기

맛이나 색깔, 질감 등 과일의 특징을 나타내는 단어를 보고 해당하는 과일을 연상해봅니다. 교사가 단어를 제시하면 학생들이 말하거나, 단어가 적힌 종이에 모둠별 브레인라이팅으로 활동할 수 있습니다. 여러 단어를 연상하는 동안 이야기에 나오는 단어에 자연스럽게 노출되게 합니다.

tomato soft banana blueberry	lemon yellow mango banana	melon mango sweet-smelling banana Every fruit
watermelon round lemon apple	orange plum juicy pear cherry	pineapple ripe banana strawberry
strawberry red apple watermelon	용과 spiky-leaved pineapple	dragonfruit creamy melon
melon green grape kiwi	lemon orange tangy kiwi lemon	포도 figs purple grapes plum

Teacher's talk

Look at the words and sort them into categories.
낱말을 살펴보고 뜻을 생각하여 범주에 따라 분류해보세요.

읽기 중 빈칸 채우며 읽기

과일의 특징에 관한 어휘를 작은 포스트잇으로 가리고 읽기에 참여하게 합니다. 처음 읽을 때는 과일 이름을 가리고 맞히게 할 수도 있습니다. 꾸미는 말에 집중하면서 능동적인 읽기가 되도록 유도하며 여러 번 반복해서 연습하여 단어에 익숙해지게 합니다.

책의 문장	단어
Will she like the _____ yellow banana?	soft
Will she like the _____ smelling guava?	sweet
Will she like the round _____ banana?	juicy

> **TIP** 마지막 장면에서 기울어진 폰트로 쓰인 is를 천천히 강조하며 읽어줍니다. 주인공의 놀람을 적절히 표현하여 이야기에 재미를 더할 수 있습니다.

Teacher's talk

Look at the picture and guess the fruit in the basket.
그림을 보고 바구니 안의 과일을 맞혀보세요.

Fill in the blanks and read the sentences aloud.
가려진 단어를 채우며 문장을 읽어보세요.

읽기 후 단어 조각으로 표현 확장하기

맛, 색깔, 질감 등 과일을 표현하는 여러 단어를 합쳐 어울리는 문장을 만듭니다. 단어 조각을 조합하여 어울리는 문장을 만드는 과정에서 꾸미는 말의 순서를 익히고 단어의 의미를 자연스럽게 습득할 수 있습니다.

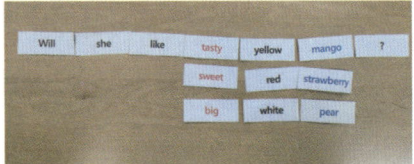

> **Teacher's talk**
>
> Arrange the word pieces to make sentences.
> 단어 조각을 배치하여 문장을 만들어 보세요.
>
> Make several sentences and share them with your friends.
> 문장을 몇 가지 만들어 친구들과 비교해 보세요.

✓ **TIP** 단어를 범주에 따라 다른 색깔로 구별하여 꾸미는 말의 순서를 파악하는 힌트가 되게 합니다. 빈 단어 조각에 원하는 단어를 자유롭게 써서 새로운 문장을 만들 수도 있습니다.

읽기 후 그림지도 그리기

이야기를 그림지도로 나타내면 흐름을 시각적으로 확인할 수 있습니다. 일곱 마리의 동물과 사라지는 과일을 순서대로 표현하며 전체 내용을 한눈에 이해합니다. 모둠에서 각자 맡은 부분을 나누고 그려 오린 뒤, 큰 종이에 함께 모으는 방식으로 활동합니다.

> **Teacher's talk**
>
> In your group, make a picture map of seven animals and disappearing fruits.
> 일곱 마리의 동물과 사라지는 과일을 그림지도로 표현해 보세요.

읽기 후 나만의 과일 바구니 만들기

친구가 좋아할 과일이나 내가 좋아하는 과일을 떠올립니다. 나만의 과일 바구니를 새로 만드는 것으로 한 장면을 더할 수 있습니다. 앞에서 익힌 다양한 단어를 조합하여 과일의 맛과 특징을 창의적으로 묘사하고 발표합니다.

Teacher's talk

What fruits would you like to deliver to your friend?
친구에게 어떤 과일을 배달하고 싶나요?

Make your own fruit basket and describe the fruits.
나만의 과일 바구니를 만들고 과일을 묘사해보세요.

아이들의 한 뼘 성장

- 단어 조각을 배열해서 여러 가지 문장을 만드는 게 즐거웠다.
- 친구들과 그림지도를 만들면서 이야기를 떠올리니 책을 다시 읽고 싶다.

26
좋아하는 일에 대해 표현하기

그림책 소개 및 활용

주인공이 좋아하는 활동을 소개한 Anthony Browne(앤서니 브라운)의 책으로, 직관적으로 표현된 그림을 보며 내용을 이해하기 쉽게 구성되어 있습니다. 반복되는 패턴의 문장이 나열되고 또래의 아이들이라면 공감할 수 있는 내용이 많아 흥미를 가지고 보기 좋습니다. 좋아하는 사물뿐 아니라 좋아하는 일이나 활동에 관한 실용적인 표현을 익히는 수업에 활용합니다.

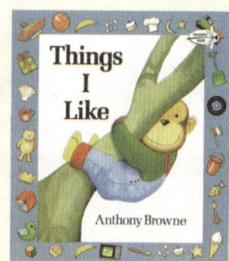

Things I like

어휘 및 표현

I like + 동사 + ing.

그림책 활동

읽기 전 우리 반 친구들이 좋아하는 것 찾기

교실을 둘러 가며 취미 활동에 관한 그림을 붙여둡니다. 각자 스티커를 2~3장씩 가지고 갤러리 워크를 하며 좋아하는 일에 붙입니다. 결과를 함께 보며 우리 반 친구들이 좋아하는 일을 영어로 확인하고 익힙니다.

Teacher's talk

Take a gallery walk and see what activities children like to do.
갤러리 워크를 하며 친구들이 좋아하는 일을 살펴보세요.

Find something you like and place a sticker on it.
여러분이 좋아하는 것을 찾아 스티커를 붙여주세요.

읽기 중 도미노 읽기(Domino Reading)

책의 장면을 옮겨 쓴 문장카드를 모둠원들이 나눠 가지고 문장을 읽습니다. 앞사람이 읽고 내려놓은 카드의 질문에 대한 답을 가진 사람이 문장을 읽고 카드를 내려놓기를 반복하며 좋아하는 일을 묻고 답하는 말을 연습합니다.

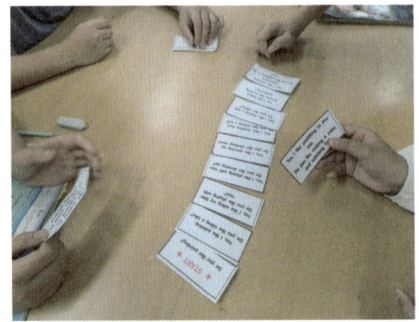

> **Teacher's talk**
>
> **Share the sentence cards with your group.**
> 문장 카드를 모둠원들과 나눠 가지세요.
>
> **If you have the answer to the previous person's question, read the card and put it down.** 앞사람 질문의 답을 가진 사람은 문장을 읽고 카드를 내려놓으세요.

읽기 후 Show & Tell

Show & tell(쇼앤텔)은 영미권 아이들이 자신에 관련된 물건을 보여주며 친구들에게 설명하거나 발표하는 활동입니다. 자신이 좋아하는 일과 관련된 소품을 준비하여 소개하면, 말로만 하는 것에 비해 흥미를 유발하기 쉽고 훨씬 더 진지한 참여를 유도할 수 있습니다. 소품을 고민하고 소개하는 경험을 통해 좋아하는 일에 관한 표현을 내면화합니다.

I like petting my spider.   I like painting.   I like playing dolls.   I like reading books.

> ♥ **TIP** 소품을 준비하기 어려울 경우에는 그림으로 대체하게 합니다. 이어질 '거짓말 탐지기' 활동을 예고하여 친구들의 발표를 더 집중해서 듣게 할 수 있습니다.

> **Teacher's talk**
>
> **Use your props and introduce what you like to do to your friends.**
> 소품을 사용해 자신이 좋아하는 것에 관해 친구들에게 소개하세요.
>
> **Try to remember what your friends like to do for the next activity.**
> 다음 활동을 위해 친구가 좋아하는 일을 잘 기억해두세요.

읽기 후 거짓말 탐지기

좋아하는 일에 대한 친구들의 문장에서 거짓을 찾는 활동입니다. 네 명의 모둠원이 모여 세 개의 진실 문장과 한 개의 거짓 문장인 문제를 만듭니다. 이때 진실 문장은 Show & Tell에서 발표했던 표현을 사용하게 합니다. 모둠별로 문제를 내고, 나머지 친구들은 거짓 문장을 골라 쓰는 과정에서 듣기 연습과 발표 연습을 동시에 할 수 있습니다.

Teacher's talk

Make four sentences including one lie in your group.
모둠에서 거짓 한 가지를 포함하여 네 문장을 만드세요.

Listen to your friends, find 1 lie and write it down.
잘 듣고 거짓 문장을 찾아 쓰세요.

아이들의 한 뼘 성장

- 쇼앤텔로 친구들이 좋아하는 것을 알 수 있었다.
- 거짓말 탐지기에서 말할 때 마음이 두근두근했다.

3장

읽기의 도약!
고학년
그림책 수업

27

음식을 권하고 이에 답하기

그림책 소개 및 활용

Steve Antony(스티브 안토니)의 Mr Panda 시리즈 중의 하나로, 친구들에게 도넛을 나눠주고 싶은 판다의 이야기입니다. 동물 친구들의 서로 다른 태도를 통해 무언가를 요청할 때 필요한 예절을 배울 수 있습니다. 판다가 친구들에게 도넛을 권하면서 반복적으로 사용하는 문장을 활용하여 음식을 권하는 표현을 익힙니다.

Please Mr Panda

어휘 및 표현

Would you like a doughnut?
No, you can not have a doughnut.
May I have a doughnut, please?

그림책 활동

읽기 전 판다가 되어보기

표지를 보고 판다가 무엇을 하고 있는지 함께 이야기 나눕니다. 만약 자신이 판다라면 도넛을 가지고 무엇을 할 것 같은지, 누구에게 나누어 줄 것인지 상상하며 생각을 주고 받습니다.

Teacher's talk

If you were Mr Panda, who would you like to give donuts to?
여러분이 판다라면 도넛을 누구에게 주고 싶나요?

읽기 중 핵심 표현 찾으면서 읽기

이야기를 들으며 핵심 문장을 멘티미터로 모으는 활동으로 학생들이 핵심 표현을 직접 찾아보게 합니다. 표현이나 패턴이 반복되는 책에서 더 능동적인 읽기가 가능해집니다. 이 책에서는 반복적으로 나오는 '음식을 권하는 말'과 결말에서 드러나는 '예의바르게 요청하고 인사하는 말'을 찾아낼 수 있습니다.

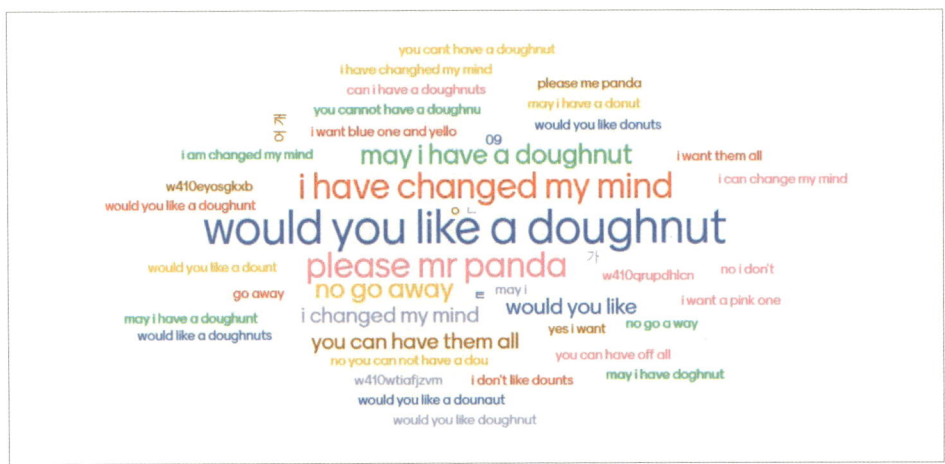

Teacher's talk

Read and find the key expressions we are learning.
우리가 배울 핵심 표현을 찾으며 읽어보세요.

읽기 후 이야기벌레 구조도(Storybug Structure) 그리기

이야기 벌레는 이야기의 구성 요소에 관해 이야기 벌레의 몸을 채우며 구조화하는 방법입니다. 책의 내용에 따라 필요한 구성 요소를 달리하여 활동할 수 있습니다. 학습자의 수준에 따라 글이나 그림으로 구성 요소를 표현할 수 있게 하여 이야기를 정리합니다.

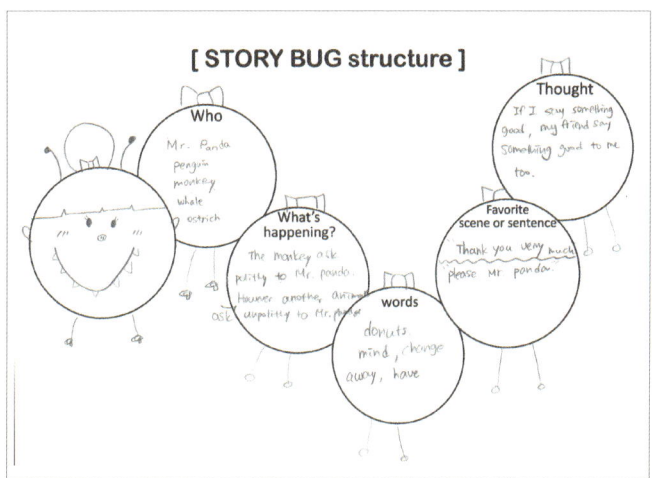

Teacher's talk

Write or draw about the book using the Story Bug structure.
이야기벌레 구조도에 책의 내용을 정리해 보세요.

읽기 후 대사 연결하여 막대인형극 하기

판다의 권유에 대한 동물들의 대답을 짝지으며 인물과 대사를 연결합니다. 그림을 보고 읽거나 그림 없이 음성만 들려주는 것으로 힌트를 줄 수 있습니다.

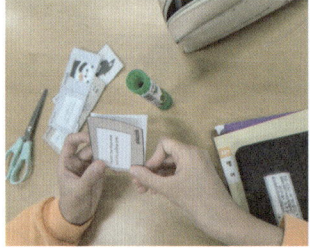
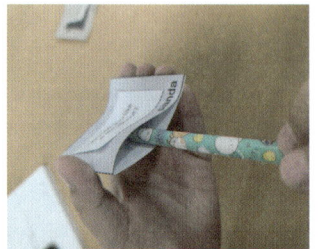

| 인물과 대사 연결하기 | 반 접어 풀칠하기 | 연필 꽂아 완성 |

　인물과 대사가 연결된 활동지를 등장인물별로 나누어 반으로 접습니다. 아래쪽을 제외한 나머지에 풀칠한 뒤 연필을 꽂으면 역할극 소품이 됩니다. 친구들과 막대인형극을 연습하고 발표합니다.

Teacher's talk

Match the animals with their answers.
동물과 답이 일치하도록 짝을 맞추세요.

Make props for a stick puppet show and practice reading.
막대인형극 소품을 만들어 읽기를 연습하세요.

아이들의 한 뼘 성장

- 판다가 누구에게 도넛을 줄지 너무 궁금했다.
- 연필에 대사를 꽂아서 바로 읽을 수 있는 인형극은 생각보다 더 재미있었다.

28
가장 좋아하는 것을 묻고 답하기

그림책 소개 및 활용

여섯 살이 된 주인공 소년이 다섯 살이었던 자신과 달라진 모습을 비교하여 소개합니다. 자신의 꿈과 변화하는 관심사에 대한 아이의 시선을 따라가며, 변하지 않는 것에 대한 소중함을 함께 이야기할 수 있는 책입니다. 과거에서 현재로 시간이 흐르는 동안 가장 좋아하는 것에 대한 표현이 반복되므로 이를 바탕으로 가장 좋아하는 것을 묻고 답하는 수업에 활용합니다.

When I Was Five

어휘

astronaut, cowboy, both, favorite, dinosaur, secret place, bunk bed, baseball player, deep-sea, diver, second-best, never, change

그림책 활동

읽기 전·후 나의 과거와 현재

자신이 좋아하는 장난감, 숨기 좋아하는 장소, 침대, 친구 등을 떠올리며 과거와 현재를 비교하여 나타내봅니다. 자신에 관한 이야기를 먼저 풀어봄으로써 가장 좋아하는 것에 관한 주인공의 변화에 더 귀 기울일 수 있게 됩니다. 다 읽고 난 후에는 책의 결말처럼 나에게도 변하지 않은 것이 있는지 확인하고 함께 이야기 나눕니다.

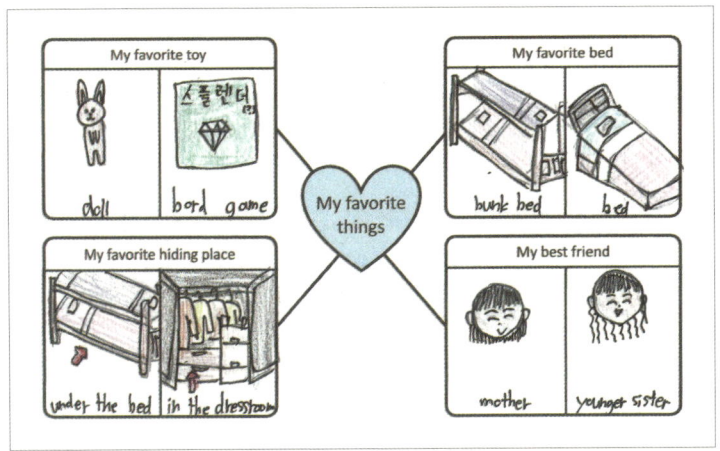

Teacher's talk

Think about what I like now and what I used to like.
좋아했던 것과 좋아하는 것을 떠올려보세요.

Write and draw your ideas.
글이나 그림으로 표현해 보세요.

읽기 중 나와 주인공 비교하기

주인공과 나 사이에 어떤 공통점과 차이점이 있는지 살펴보고 벤다이어그램으로 표현하며 읽습니다. 주인공과 친밀감을 느끼며 이야기에 더 공감하게 됩니다.

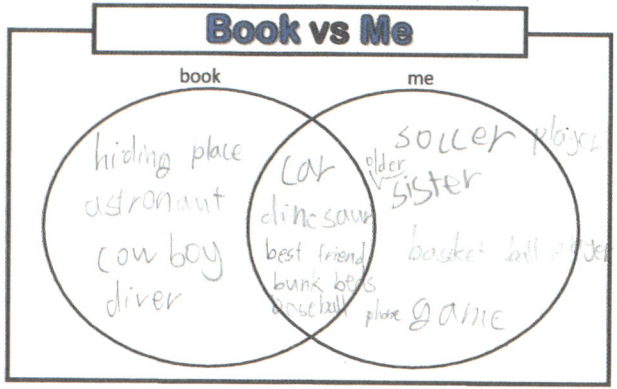

> **Teacher's talk**
>
> Check if there are any things that both the boy and you like.
> 책의 주인공이 좋아하는 것과 내가 좋아하는 것이 겹치는지 살피며 이야기를 읽어보세요.

읽기 후 배경화면 자기소개

가장 좋아하는 것을 생각하여 스마트폰 자기소개 화면을 꾸며봅니다. 가장 좋아하는 한 가지 항목을 어떻게 표현할지 연습한 뒤 친구들 앞에서 발표합니다.

> **Teacher's talk**
>
> **Decorate your smartphone screen with your favorite thing.**
> 가장 좋아하는 것으로 스마트폰 화면을 꾸며보세요.

읽기 후 나와 닮은꼴 친구 찾기

완성한 스마트폰 화면으로 서로 좋아하는 것을 묻고 답하며 나와 취향이 비슷한 친구를 찾습니다. 의외의 아이들끼리 높은 싱크로율을 얻는 재미있는 상황이 연출되기도 합니다. 나와 싱크로율이 가장 높은 친구를 발표하며 활동을 마무리합니다.

질문	대답
What's your favorite subject?	My favorite subject is P.E.

> **Teacher's talk**
>
> **Ask and answer about each other's favorite things and find a friend who has similar tastes to you.**
> 서로 좋아하는 것을 묻고 답하며 취향이 비슷한 친구를 찾아보세요.

Who is the most similar to you?
나와 일치율이 가장 높은 친구는 누구인가요?

아이들의 한 뼘 성장

- 어릴 때가 생각나서 마음이 따뜻해지는 이야기였다.
- 친구와 나의 공통점을 찾아볼 수 있어서 좋았다.

29
물건의 주인이 누구인지 묻고 답하기

그림책 소개 및 활용

잃어버린 팬티를 찾아다니는 북극곰과 이를 도와주는 친구 생쥐의 이야기입니다. 뚫린 구멍 부분으로 계속 다른 팬티가 등장하는 흥미로운 구성으로, 누구의 팬티인지 상상하며 읽기에 좋습니다. 팬티를 찾아다니는 과정에서 반복되는 표현을 활용하여 물건의 주인이 누구인지 묻고 답하는 표현을 배우는 수업으로 연결합니다.

Polar Bear's Underwear

어휘 및 표현

Is this you pair? No, this is not my underwear.
Whose underwear is it? It's Zebra's underwear.
find, lost, favorite, colorful striped, treat, delicious, itty-bitty, flower, small, cute, polka-dot, ruffles, carrot, upside down, wear

그림책 활동

읽기 전 메모리 매칭(Memory Matching)

팬티를 설명한 문장 카드와 그림 카드를 각각 한 장씩 뒤집어 일치하면 가져가는 메모리 게임입니다. 카드 쌍을 가져갈 때 소리내어 읽게 하여 표현의 입력과 출력이 동시에 이루어지도록 합니다. 짝 활동 또는 2:2 모둠 활동으로 할 수 있습니다.

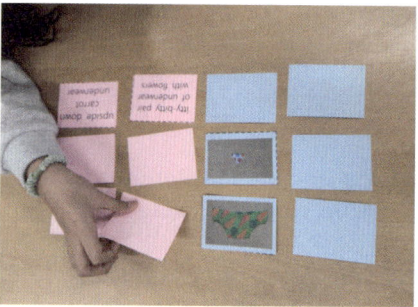

Teacher's talk

Flip over two cards at a time, and keep the cards if they match.
카드를 두 장씩 뒤집어 의미가 일치하면 가지고 가세요.

읽기 중 순서대로 이야기 정리하기(Story Sequencing)

이야기를 읽으며 등장인물과 팬티의 특징을 순서대로 정리해 봅니다. 동물만 찾아보게 하거나 팬티의 특징을 메모하는 등 단계별로 활동할 수 있습니다. 단어를 넘기면 그림이 보이는 입체적인 활동지를 완성하며 재미있게 표현을 익힙니다.

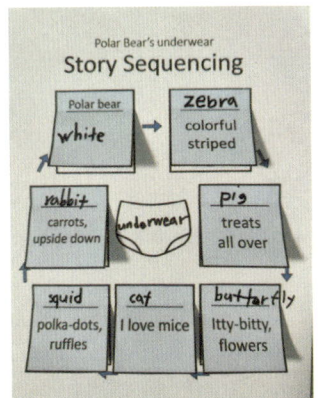
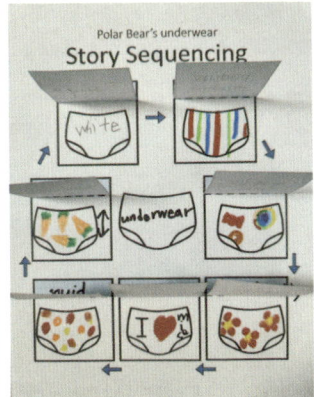

> **Teacher's talk**
>
> Focus on the characters and panties, and write them in order.
> 등장인물과 팬티에 집중하여 순서대로 정리해 보세요.

읽기 후 나만의 팬티 디자인하기

여러 모양과 색깔의 동물 팬티를 떠올리며 나만의 팬티를 디자인해봅니다. 창의적인 팬티를 구상하여 꾸미고 표현도 자연스럽게 확장합니다.

My underwear has Frankenstein.

My underwear is on fire.

완성한 팬티 디자인을 모아 무작위로 나누어 가진 뒤 주인인지 물어보거나 한 사람씩 디자인을 설명하여 주인을 찾는 활동을 할 수 있습니다.

	교사	학생
방법1	(학생 이름을 부르며) Is this your underwear?	Yes, it is. / No, it's not.
방법2	(팬티 디자인을 설명하며) This underwear is green. Whose underwear is this?	It's mine. It's ○○'s underwear.

Teacher's talk

Design your own underwear and describe it in front of the class.
나만의 팬티를 디자인하고 친구들 앞에서 설명해 보세요.

Pick an underwear randomly and find the owner.
무작위로 팬티를 하나 받은 뒤, 주인을 찾아주세요.

아이들의 한 뼘 성장

- 순서대로 이야기를 정리하니 한눈에 볼 수 있어 편리했다.
- 나만의 팬티를 디자인하려니 좀 부끄러웠지만 그래도 재미있었다.

30
달의 이름 알기

그림책 소개 및 활용

달의 흐름과 계절의 변화를 감각적인 디자인으로 표현한 책입니다. 순서와 스펠링을 익히기에 제법 까다로운 열두 달의 이름을 시각적으로 익히기 좋습니다. 각 달과 계절에 어울리는 활동을 표현해 주는 작은 완두콩을 찾으며 보는 재미를 더할 수 있습니다. 열두 달의 이름을 익히고 표현하는 수업에 활용합니다.

Hap-pea All Year

어휘

January, February, March, April, May, June, July, August, September, October, November, December

그림책 활동

읽기 전 열두 달 노래 부르기

열두 달의 이름은 순서와 발음이 어려워 반복하여 익히는 것이 좋습니다. 흥겨운 멜로디의 노래를 듣거나 함께 부르며 달의 이름을 상기합니다.

Month song 1   Month song 2

Teacher's talk

Sing along and think of the names of all twelve months.
노래를 부르며 열두 달의 이름을 떠올려보세요.

읽기 중 그림에서 장면 포착하기

책의 열두 달을 출력하여 모둠마다 두 장씩 가진 뒤, 각 달에 해당하는 표현을 그림에

월	찾을 표현	월	찾을 표현학생
1월	mittens, snowing	7월	fireflies, sleeping bag
2월	valentines, twenty eight	8월	cool shade, favorite book
3월	leprechauns(레프러콘 요정)	9월	paper and a pen, teachers
4월	mud, flower	10월	toothy smile, leaves
5월	rusty bike, hike	11월	sidewalk gate, empty plate
6월	messy desk, clover	12월	candle, hot cocoa

서 찾아 동그라미 칩니다. 모둠별로 종이를 바꾸어 다른 달도 골고루 살펴보게 합니다. 두 명이 남고 두 명이 이동하는 방식으로 서로에게 설명해 줄 수도 있습니다.

> **Teacher's talk**
>
> Read the sentence, then find and circle the details described.
> 문장을 읽고 묘사된 세부 사항을 찾아 동그라미 하세요.
>
> Two people stay to explain, and two people leave to listen to other friends.
> 두 명이 남아 설명하고 두 명은 다른 모둠을 돌며 설명을 들으세요.

읽기 후 달(month) 이름 픽토그램 만들기

자신이 태어난 달을 픽토그램으로 꾸며봅니다. 픽토그램으로 표현한 달을 모둠 혹은 분단 안에서 모아 함께 차례대로 배열하며 달의 이름과 순서를 익힙니다.

> **Teacher's talk**
>
> Make and decorate the month you were born in with pictures.
> 자신이 태어난 달을 개성 있게 표현해 보세요.
>
> Mix the months and place them in turn to learn the order.
> 픽토그램을 섞어 친구들과 차례대로 놓아보며 순서를 익히세요.

읽기 후 디아만테 시(Diamante Poem) 쓰기

이탈리아어로 다이아몬드를 뜻하는 디아만테(Diamante)는 이름처럼 다이아몬드 모양으로 대칭을 이루는 7행의 구조 안에 서로 다른 두 주제를 함께 표현하는 시 쓰기 방법입니다. 서로 다른 두 달을 각각 머리와 꼬리에 쓰고 규칙에 맞추어 어울리는 단어를 연상합니다. 머리의 주제에 관한 단어들로 앞부분(주황색 칸)을 채우고, 꼬리의 주제에 어울리는 단어들로 뒷부분(파란색 칸)을 채워 시를 완성합니다. 필요한 단어를 찾으며 다양한 표현을 확장할 수 있습니다.

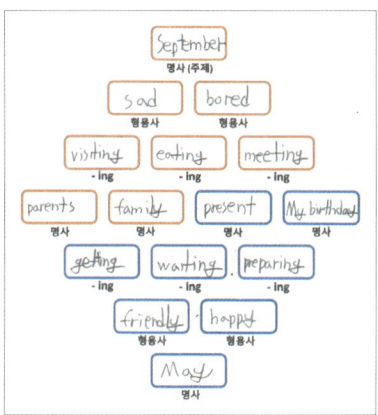

Teacher's talk

Choose two different months and write it at the top and bottom.
서로 다른 두 달을 골라 맨 위와 아래에 쓰세요.

Fill in the words describing the month by its color.
색깔에 맞게 달을 표현하는 어휘를 채워 넣으세요.

아이들의 한 뼘 성장

- 콩 그림이 너무 귀여웠고 활동이 숨은그림찾기 같았다.
- 레프러콘 요정처럼 다른 나라의 문화를 알게 되어 흥미로웠다.

31
출신 국가를 묻고 답하기

그림책 소개 및 활용

세계 여러 나라의 이름과 함께 라임(rhyme)을 이루는 문장이 반복되는 책입니다. '시장에 가면'이라는 놀이처럼 앞에 나왔던 문장이 누적되면서 반복되므로 표현을 익히기에 좋습니다. 고양이의 다양한 출신 국가와 라임 문장을 활용하여 어느 나라에서 왔는지 묻고 답하는 수업에 활용합니다.

My Cat Likes to Hide in Boxes

어휘 및 표현

The cat from + 명사(나라) + liked.
Japan, Berlin, Brazil, Greece, Norway, Spain, France
fan, violin, chill, police, doorway, airplane, dance

그림책 활동

읽기 전 단어 라임(Word Rhyme) 짝 찾기

나라 카드와 단어 카드를 오려 라임이 되는 짝을 찾아봅니다. 라임을 이루는 부분을 색깔로 표시하여 라임의 짝이 되는 힌트를 줄 수 있습니다. 라임을 확인하면서 어휘를 눈에 익히고, 라임을 이루는 부분끼리 같은 색깔을 칠하면서 단어를 읽습니다.

Japan	police
Berlin	fan
Brazil	airplane
Greece	violin
Norway	dance
Spain	chill
France	doorway

Teacher's talk

Match the country to a word that rhymes.
같은 라임이 있는 나라와 단어를 짝지어보세요.

Mark the same rhyme with the same color.
같은 라임을 이루는 부분을 찾아 같은 색으로 칠하세요.

읽기 중 한 문장씩 더해가며 읽기

라임 부분을 활용해 읽는 재미를 살리고 후렴 문장인 'MY cat likes to hide in boxes.'에서 대문자로 표현된 MY를 강조하여 읽습니다. 앞의 문장이 누적되며 반복되므로 돌림노래처럼 읽을 수 있습니다. 모둠별로 시작 시점을 달리하여 목소리가 계속 얹어지는 식으로 읽고, 후렴 부분은 교사가 읽습니다.

1모둠	The cat from **France** liked to sing and dance.
2모둠	The cat from **Spain** flew an airplane.
2, 1모둠	The cat from **France** liked to sing and dance.
3모둠	The cat from **Norway** got stuck in the doorway.
3, 2모둠	The cat from **Spain** flew an airplane.
3, 2, 1모둠	The cat from **France** liked to sing and dance.

> ✅ **TIP** 모둠에 따라 읽는 양과 내용이 다르므로, 반대 순서로도 읽기를 시작하여 이를 보완합니다. 라임이 같은 단어를 강조해서 읽으며 리듬을 느끼게 합니다.

Teacher's talk

Group 1, start reading from the first sentence and group 2, start reading from the second sentence.
1모둠은 첫 번째 문장부터, 2모둠은 두 번째 문장부터 읽기를 시작하세요.

Keep reading from where you start to the end on every page.
페이지마다 시작한 문장부터 끝까지 계속 읽으세요.

읽기 후 문장 라임(Sentence Rhyme) 짝 찾기 ⬇

출신 국가가 있는 문장(노랑)과 라임을 표현한 문장(파랑)을 한 장씩 나누어 가진 뒤, 라임 짝을 찾아다닙니다. 서로의 문장을 비교하며 출신 국가를 묻고 답하는 말을 자연스럽게 연습합니다. 짝을 찾으면 새로 카드를 받아 활동을 계속합니다.

I'm form Japan.	I'm form Japan.	I waved a big blue fan.	I waved a big blue fan.
I'm form Berlin	I'm form Berlin	I played the violin.	I played the violin.
I'm form Brazil	I'm form Brazil	I caught a very bad chill.	I caught a very bad chill.
I'm form Greece	I'm form Greece	I joined the police.	I joined the police.
I'm form Norway	I'm form Norway	I got stuck in the doorway.	I got stuck in the doorway.
I'm form Spain	I'm form Spain	I flew an airplane.	I flew an airplane.
I'm form France	I'm form France	I liked to sing and dance.	I liked to sing and dance.

Yellow: I'm from Greece. Where are you from?
Blue: I joined the police.

↓

police와 Greece가 라임 짝이 됨

Yellow: I'm from France. Where are you from?
Blue: I waved a big blue fan.

↓

fan과 France는 라임 짝이 아님

Teacher's talk

Take a yellow card and a blue card.
노란 카드와 파란 카드를 한 장씩 받으세요.

Go around and find a pair with the same rhyme.
돌아다니면서 같은 라임을 가진 짝을 찾으세요.

아이들의 한 뼘 성장

- 돌림노래 부르는 것처럼 읽으니 신나서 일부러 크게 읽게 되었다.
- 문장 라임 짝을 찾는 활동은 놀면서 읽는 연습이 저절로 되는 것 같다.

32

과거의 일에 대해 표현하기(1)

그림책 소개 및 활용

Mercer Mayer(머서 메이어)의 Litter Critter(리틀 크리터) 시리즈 중의 하나로 할머니와 해변으로 휴가를 떠난 주인공의 에피소드를 그린 책입니다. 바닷가에 놀았던 각자의 경험을 떠올리고 공감하며 읽을 수 있습니다. 장난꾸러기 주인공 때문에 벌어지는 코믹한 일화들로 구성되어 재미있고 다양한 표현을 접하기 좋습니다. 특히 해변에서의 상황을 묘사하는 과거형 문장이 많이 나오므로 이를 통해 동사의 과거형을 익히고 이야기 바꾸기 활동을 통해 읽기를 연습합니다.

Just Grandma and Me

어휘

went, wanted, was, flew, bought, fell, washed off, found, didn't have, helped, told, put on, showed, dug, covered, tickled, built

그림책 활동

읽기 전 단어 채우며 이야기 예상하기

표지를 보고 추측한 내용으로 문장을 완성해 봅니다. 선택지 중에 골라 손을 들거나, 협의하여 활동지의 빈칸을 채우며 이야기를 예상하게 할 수 있습니다. 만들어진 문장을 읽으며 자연스럽게 과거형 문장에 익숙해지게 합니다.

 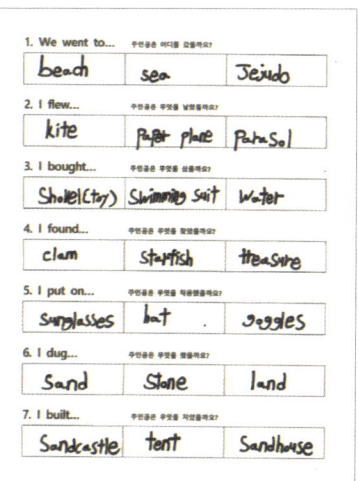

Teacher's talk

What do you think will happen at the beach?
해변에서 무슨 일이 일어날 것 같나요?

읽기 전 단어 카드로 과거형 찾기

이야기에 나오는 동사의 원형과 과거형의 짝을 연결합니다. 규칙(-ed) 변화와 불규칙 변화를 시각적으로 확인하고 자연스럽게 어휘의 뜻을 살필 수 있습니다.

Teacher's talk

Match the verb with its past tense.
동사를 과거형과 짝지어보세요.

Check the colored parts and see how they are different.
색깔로 표시된 부분을 살펴보고 어떻게 달라졌는지 살펴보세요.

읽기 중 일의 순서대로 정리하기

과거형 동사를 찾아 주인공이 한 일을 순서대로 정리합니다. 이 순서대로 정리된 문장을 채우며 과거형 동사를 정리합니다. 교사의 질문을 듣고 활동지에서 답을 찾아 말하며 과거형 문장을 읽고 연습할 수 있습니다.

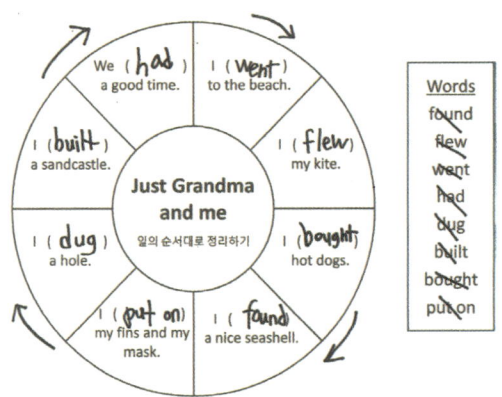

교사 질문	학생 대답
What did you find? What did you fly? Where did you go? …	I found a nice seashell. I flew my kite. I went to the beach. …

읽기 중 미니 플랩북 만들어 읽기

실수가 많은 주인공의 일화로 인해 접속사 but으로 연결된 문장이 많습니다. 이를 활용하여 앞뒤 문장이 이어지도록 내용을 연결하는 활동을 할 수 있습니다. 문장을 잘라 알맞은 곳에 찾아 붙이면 넘기며 읽을 수 있는 미니 플랩북이 됩니다. 만든 책을 보며 짝과 나누어 읽기로 연습합니다.

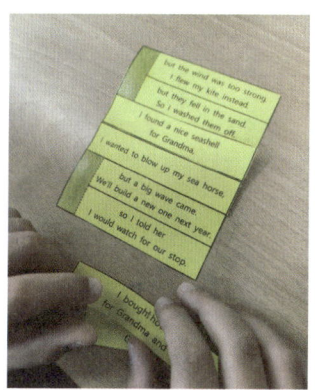  

문장 잘라 붙이기 　　플랩북 완성하기 　　넘기며 읽기

Teacher's talk

Cut the sentences on the left and stick them on the right.
왼쪽의 문장을 잘라 오른쪽의 문장 위에 붙이세요.

Read the mini flapbook back and forth with your friends.
만든 미니 플랩북으로 친구와 앞뒤로 번갈아 가며 읽으세요.

읽기 후 매드립스(Mad Libs)

매드립스는 주어진 조건에 맞는 낱말을 문장의 빈칸에 무작위로 넣어, 새로운 이야기를 만들어내는 글쓰기 활동입니다. 우연한 낱말들이 연결되어 엉뚱한 내용이 만들어지는 과정에서 재미를 느끼며 읽기를 연습할 수 있습니다. 매드립스로 완성한 이야기를 발표하거나 돌려 읽으며 과거형 문장을 익힙니다.

[Just Grandma and Me]

장소(library, mountain…)	(1) school
가족 구성원(dad, sister…)	(2) brother
음식	(3) sandwich
액체류(water, oil, milk, juice…)	(4) pool
셀 수 있는 명사 단수형	(5) basketball
셀 수 있는 명사 복수형(여러 개 있어야 하는 것)	(6) textbooks
동사(sing, run, study…)	(7) breathe
명사 복수형	(8) girls
감정이나 상태(happy, sad…)	(9) tired
명사 단수형	(10) knife

[Just Grandma and Me]

We went to the (1 school), just (2 brother) and me.
I bought (3 sandwich) but they fell in the (4 pool).
I washed them off.
I found a nice (5 basketball) for (2 brother),
But it was full of (6 textbooks).
I wanted to (7 breathe), but I didn't have enough (8 girls).
So (2 brother) helped me a little.
On the way home, (2 brother) was (9 tired).
So I told I would watch for our (10 knife).

> ✓ **TIP** 예상치 못한 단어의 연결로 이야기를 만드는 것이 매드립스의 핵심이므로, 조건에 맞는 낱말을 먼저 쓴 뒤에 문장 채우기 활동지를 나누어줍니다.

Teacher's talk

Choose the words, fill in the blanks and make sentences.
적절한 낱말을 정하고 빈칸을 채워 문장을 완성하세요.

Have fun reading the sentences with your friends.
완성된 글을 함께 읽으면서 재미를 느껴보세요.

아이들의 한 뼘 성장

- 친구들이 만든 매드립스 이야기가 너무 웃겼다.
- 문장을 잘라 붙여서 작은 책을 만드는 게 신기하고 재미있었다.

33
과거의 일에 대해 표현하기(2)

그림책 소개 및 활용

프랑스의 그래픽디자이너 Jean Jullien(장 줄리앙)의 그림책으로, 기발하고 유머러스한 아이디어를 통해 전과 후의 차이를 보여줍니다. 명쾌하고 재치 있게 표현된 그림이 아이들의 시선을 사로잡으며 글이 거의 없어 창의적인 문장으로 상상하고 표현해 보기 좋습니다. 이 책의 구성에 착안하여 사람이나 사물이 전과 후 사이에 겪었을 일을 생각하고, 이를 과거형으로 표현해 보는 수업을 할 수 있습니다.

Before & After

어휘

before, after, way after, during, the beginning, the end

그림책 활동

읽기 전 표지 보고 이야기하기

표지를 보고 아이스크림이 녹은 이유를 추측하게 합니다. 책을 읽기 전에 이 과정을 거쳐 다양한 대답을 유도하면, 뒤표지의 마지막 장면(아이스크림이 녹은 이유)이 앞표지와 연결되어 재미를 극대화하여 읽을 수 있습니다.

> **Teacher's talk**
>
> **Why do you think the ice cream is melting?**
> 아이스크림이 왜 녹은 것 같나요?

읽기 중 추측하며 읽기

그림만 보며 넘기면 몇 초도 걸리지 않는 책이지만, 다음 장면을 추측하면서 보면 흥미를 갖고 몰입하여 읽을 수 있습니다. Before 장면에서 충분히 생각하며 After 장면을 말해 보게 하여 읽기에 참여시킵니다. 상상하며 읽는 과정에서 자연스럽게 과거형 표현을 떠올리고 활용할 수 있습니다.

Before 장면	햇볕 아래에 선글라스를 끼고 서 있는 여자의 모습
교사	What happens next? Please have a guess.
학생들	She went swimming. She went to the beach. She was thirsty so drank water.
After 장면	선글라스 부분만 빼고 피부가 그을린 여자의 모습
교사	She got a tan.

> **Teacher's talk**
>
> What happens next? Please take a guess.
> 다음은 어떻게 될까요? 추측해 보세요.

읽기 중 그림을 글로 묘사하며 읽기

글자가 없는 그림책을 글로 묘사해보는 활동은 아이들의 상상력을 자극하고 표현력을 기를 수 있게 도와줍니다. 주요 장면을 제시한 뒤, Before와 After 사이에 일어난 일을 과거형 문장으로 표현하게 합니다. 그림에 명시된 것뿐 아니라 숨은 내용도 생각하게 하여 창의적인 문장을 만들도록 유도합니다. 그림을 글로 바꾸는 과정에서 보이는 대로 묘사하기, 등장인물의 속마음 상상하기, 나의 감상 표현하기 등으로 접근하여 다양한 어휘와 표현을 탐색하게 합니다.

  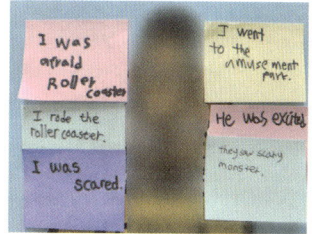

표현을 살펴보고 중복되지 않는 문장을 골라 함께 읽어봅니다.

> **Teacher's talk**
>
> What happened between Before and After?
> Before와 After 사이에 무슨 일이 있었을까요?
>
> Try to think of your own idea.
> 여러분만의 창의적인 아이디어를 생각해보세요.

읽기 후 나의 Before & After

나의 Before와 After로 냉장고 책을 만들어 한 장면을 더해봅니다. 표지에 전과 후의 변화를 대비시키고 안쪽에 그사이의 일을 과거형 문장으로 표현합니다. 과거와 현재 사이를 연결 짓는 이야기를 생각하고 만들어보며 과거형 동사를 연습할 수 있습니다.

Teacher's talk

Draw a picture of Before & After on the cover.
표지에 전과 후를 비교한 그림을 그리세요.

Write the past tense sentence about the picture inside the book.
그림에 관한 과거형 문장을 책 안쪽에 쓰세요.

Look at your friend's cover and guess what happened in the past.
친구의 표지를 보고 과거에 한 일을 추측해 보세요.

아이들의 한 뼘 성장

- 이 책의 작가는 정말 창의적인 것 같다.
- 그림을 글로 쓴 친구들의 아이디어를 보니 즐거웠다.

34
허락을 구하기(1)

그림책 소개 및 활용

Amy Rosenthal(에이미 로젠탈)의 그림책인 Yes Day는 아무리 곤란한 요청에도 yes라는 대답을 들을 수 있는 날에 관한 이야기입니다. 주인공의 요구에 신나게 공감하며 읽는 동안 허락을 구하는 표현을 자연스럽게 배울 수 있습니다. 어린이들이 꿈꾸는 Yes Day를 통해 자신이 원하는 일을 상상하고 허락을 구하거나 부탁하는 표현을 만들어보는 수업으로 활용합니다.

Yes Day!

어휘 및 표현

Can I + 동사원형?
Can we + 동사원형?
favorite, breakfast, use, clean, tomorrow, pick, get, outside, fight, invent, own, piggyback ride, come over, dinner, stay up, have to

그림책 활동

읽기 전 Yes Day Question 예상하기

평소에 부모님이나 선생님께 허락받고 싶은 일이 있었는지 떠올려봅니다. 주인공이 Yes Day에 어떤 부탁을 할지 빈칸에 단어를 넣어보며 이야기를 예상합니다.

 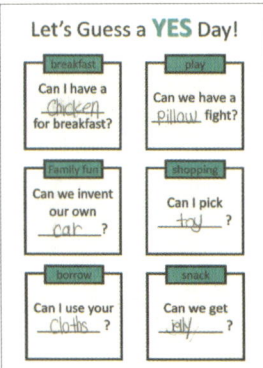 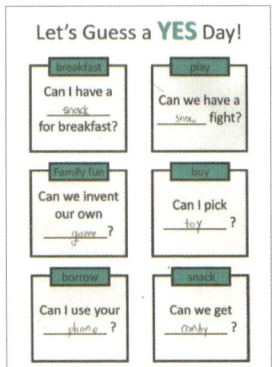

Teacher's talk

Guess the boy's request and write it in the blank.
주인공이 받고 싶은 허락을 예상하여 단어를 채워보세요.

읽기 중 함께 대답하며 읽기

교사가 허락을 구하는 문장을 읽고 전체가 대답을 외치게 하여 읽기에 참여시킬 수 있습니다. 처음 한두 장면을 교사가 함께 대답하며 이끌어주고 나머지는 학생들이 같은 방식으로 대답하도록 유도합니다.

교사	Can I please have pizza for breakfast? Yes or no?
전체	Yes, you can.

교사	Why? Because it's…
전체	Yes Day!

읽기 후 내가 바라는 Yes Day!

A4용지를 세로로 세 번 접어 여덟 등분한 뒤 제목을 쓰고 우리만의 Yes Day 목록을 만듭니다. 함께 읽으며 문장이 끝날 때마다 모두가 Yes로 대답하는 방식으로 전체와 내용을 공유합니다.

Teacher's talk

What would you want to do on your own Yes Day?
여러분의 Yes Day에는 무엇을 하고 싶나요?

아이들의 한 뼘 성장

- 주인공이 바라는 것 중에서 내가 바라는 것도 있어 공감이 됐다.
- 진짜 Yes Day가 있다면 어떨지 상상하니 엄청 설렌다.

35
허락을 구하기(2)

그림책 소개 및 활용

쿠키를 먹고 싶은 어린 악어가 엄마 곁에 맴돌며 쿠키를 얻으려 애쓰는 과정을 귀엽게 담아낸 책입니다. 허락을 구하기 위해 예의 바르게 표현하는 법을 찾아내는 과정이 아이들의 눈높이에 맞추어 재미있게 그려져 있어 친근하게 볼 수 있습니다. 우여곡절 끝에 쿠키를 손에 넣게 되는 어린 악어의 이야기를 활용해 허락을 요청하거나 부탁하는 표현을 배우는 수업을 할 수 있습니다.

May I Please Have a Cookie?

어휘 및 표현

May I please have one?
May I please have a cookie?
Yes, you may.

그림책 활동

읽기 전 표지 보고 제목 맞히기

핵심 표현이 제목에서 드러나므로 표지를 보고 제목 맞히는 활동을 하기에 좋습니다. 제목을 예상해 보면서 배울 표현을 능동적으로 찾아내고 각인하게 하는 효과가 있습니다. 그림으로 무작정 추측하는 것보다는 단어 수 → 문장 유형 → 초성 힌트 → word scramble 등의 단계별 힌트로 하위 학습자도 즐겁게 참여하도록 유도합니다.

Graded Hints	
1단계	Six words
2단계	Question type sentence
3단계	Initial letters: M, I, P, H, A, C
4단계	Words: cookie, please, have, I, a, May
5단계	Meaning: 쿠키 하나 먹어도 될까요?

◎ TIP 정답을 발표하는 대신 공책에 쓰게 하는 방식으로 활동하면 좋습니다. 단계별 힌트를 다 제시한 후에 답을 말하게 하여 모두가 답을 유추하는 기회를 얻게 합니다.

Teacher's talk

Look at the picture and guess the title of the book.
그림을 보고 책의 제목을 생각해 보세요.

Listen to the hints and write down the title in your notebook.
힌트를 잘 듣고 제목을 공책에 써보세요.

> 읽기 중   세 그룹으로 나눠 읽기

전체를 두 그룹으로 나누어 어린 악어와 엄마 악어의 역할을 하고 교사가 해설을 맡아 세 그룹 읽기를 합니다. 해설과 대화가 섞여 있는 글에서 그룹으로 나눠 읽기를 하면 자신의 부분이 어디인지 의식하고 따라가야 하므로 읽기에 집중하게 할 수 있습니다. 글의 양이 가장 많은 해설 부분을 교사가 맡아 학생들의 부담을 줄여주거나, 상위 그룹의 학습자가 해설을 맡게 합니다.

Teacher's talk

Read the story as the crocodile and mother.
악어와 엄마로 역할을 정해 읽어보세요.

> 읽기 후   다섯 쿠키 게임(Five Cookies Game)

각자 바둑돌을 5개씩 가지고 교실을 돌아다니며 친구와 허락을 구하는 말을 주고받습니다. 가위바위보를 해서 이긴 사람이 진 사람에게 바둑돌을 얻는 방식으로 활동하며, 친구와 대화하면서 많은 바둑돌을 모읍니다.

대화 예시
(동시에) May I please have a cookie? (가위, 바위, 보) (rock paper scissors) (진 사람) 바둑돌을 건네며 Yes, you may. (이긴 사람) 바둑돌을 받으며 Thank you.

✓ **TIP** 사탕을 활용하여 핼러윈 등의 행사와 연계하여 활동할 수 있습니다.

> **Teacher's talk**
>
> Each player gets 5 stones. Ask the question 'May I please have a cookie?' to each other.
> 바둑돌을 5개씩 가지고 요청하는 말을 주고받습니다.
>
> Play rock-paper-scissors and the winner gets a stone from the loser.
> 가위바위보를 해서 이긴 사람은 진 사람에게 바둑돌을 얻습니다.

읽기 후 교실 예절을 부탁해!

예의 바르게 요청하는 법을 배운 악어처럼 수업 시간에 할 수 있는 요청으로 표현을 확장해 봅니다. 허락을 구하는 다양한 문장을 이젤 패드에 목록으로 만들고 이를 교실에 전시하여 활용할 수 있게 합니다.

아이들의 한 뼘 성장

- 성공할 때까지 포기하지 않고 도전하는 악어의 끈기가 대단하다.
- 필요한 게 있을 때 예의 바르게 요청하는 방법을 확실히 알게 되었다.

36
가족을 소개하기

그림책 소개 및 활용

때로는 우스운 모습이기도 하지만 나에게 언제나 최고인 아빠의 모습을 아이의 관점에서 다정하게 표현한 Anthony Browne(앤서니 브라운)의 그림책입니다. 다양한 형용사와 비유 표현을 통해 아이들에게 아빠가 어떤 의미인지를 함께 느껴보고, 책 속의 문장 구조를 활용하여 가족을 소개하는 수업을 할 수 있습니다.

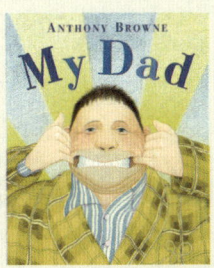

My Dad

어휘 및 표현

He can + 동사원형 + like a 명사(동물).
He is as + 형용사 + as a 명사(사물).
afraid, strong, happy, soft, wise, daft, brilliant, fantastic, jump, walk, wrestle, win, swim, laugh, wolf, giant, horse, fish, gorilla, hippopotamus, teddy, owl, brush, dancer, singer, tightrope, without, easily

그림책 활동

읽기 전 단어 골라 이야기 예상하기

책에 나오는 어휘를 살펴보고 몇 가지를 골라 이야기를 만듭니다. 수준에 따라 짧고 간단한 문장을 쓰거나 전체적인 이야기를 구상해 볼 수도 있습니다. 만든 문장이나 이야기를 친구들과 공유하며 새로운 어휘를 재미있게 익힙니다.

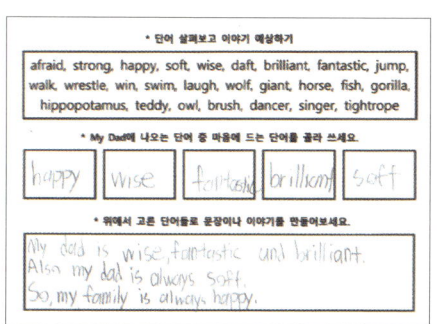 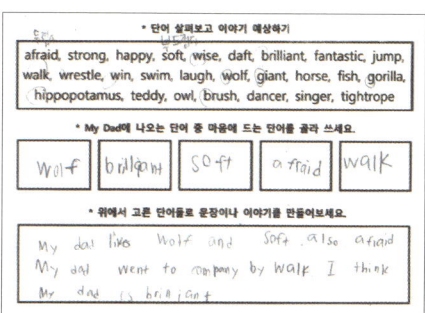

TIP 자유롭게 이야기를 상상하도록 격려하며 쓸 단어를 고르는 과정에서 몰랐던 표현을 자연스럽게 습득하게 유도합니다.

Teacher's talk

Choose some words you like and make a short story.
마음에 드는 단어를 몇 가지 골라 간단한 이야기를 만들어보세요.

읽기 중 비유 짝 찾으며 읽기

아빠를 나타내는 단어 중에서 동물이나 사물에 비유한 표현에 집중하며 읽습니다. 한 사람은 비유 대상을 찾고 다른 사람은 비유한 특징을 찾는 활동으로 서로 협력하여 표현을 습득하게 합니다.

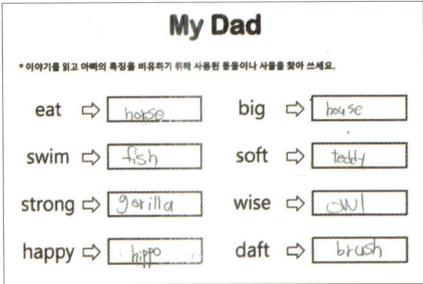

단어 짝을 찾은 뒤에는 관용적 표현을 안내하여 내용의 이해를 돕습니다.

eat like a horse	아주 많이 먹는
as wise as an owl	아주 현명한
daft as a brush	바보 같은, 엉뚱한

Teacher's talk

Read the story and find out how dad was described.
이야기를 읽고 아빠를 어떻게 묘사했는지 찾아보세요.

읽기 후 Cinquain Poem 짓기

Cinquain(싱케인)은 주제가 되는 첫 행의 단어를 규칙에 따라 다섯 행으로 표현하는 시 쓰기 방법입니다. 2행은 주제를 나타내는 형용사 두 가지, 3행은 주제를 설명하는 동사의 -ing형 세 가지, 4행은 주제에 대한 감정을 담은 네 단어의 어구나 문장으로 표현합니다. 규칙에 따라 각 행의 단어를 채우고 주제를 나타내는 동의어로 마지막 행을 마무리합니다. 가족 중 한 사람을 정해 시를 짓고, 친구들 앞에서 낭송하며 가족을 소개합니다. 2~5행을 먼저 낭송하고, 주제이자 제목인 1행 맞혀보기 활동을 하는 것도 좋습니다.

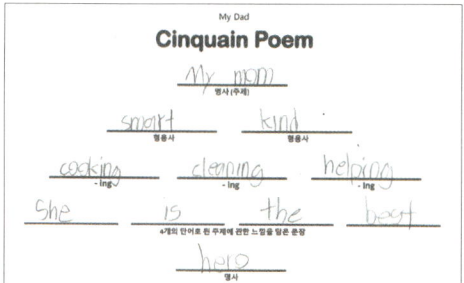
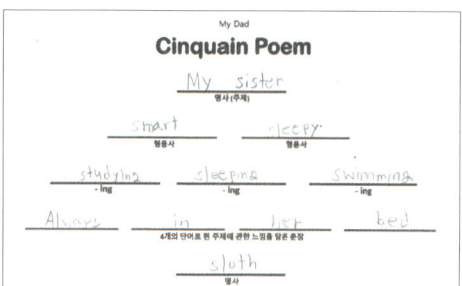

Teacher's talk

Think of the words that describe your family and fill in the blanks.
가족을 표현하는 단어를 생각하여 빈칸을 채우세요.

읽기 후 가족 소개 글쓰기

책의 문장을 활용하여 가족을 소개해봅니다. 다양한 비유 표현을 사용하여 가족 구성원 중 한 명을 소개하는 시를 쓰고, 친구들과 공유합니다.

He's all right, my __brother__.
My __brother__ can __sim like a gorilla__.
He can __sleep__ like a bear.
He's as __tiny__ as a __bean__.
He makes me laugh. A lot.

He's all right, my __dad__.
My __dad__ can __read books like a sloth__.
He can __cook like Gordon Ramsay__.
He's as __smart__ as a __dolphin__.
He makes me laugh. A lot.

Teacher's talk

Think of animals or jobs that represent your family members.
가족을 나타낼 동물이나 직업을 생각해보세요.

아이들의 한 뼘 성장

- 새로운 방법으로 시를 쓰니 내가 대단한 글을 쓴 것 같은 느낌이 들었다.
- 새로운 비유 표현을 많이 알게 되었다.

37

외모와 생김새를 묻고 답하기

그림책 소개 및 활용

 길잃은 아기부엉이가 다람쥐와 함께 엄마를 찾아 다니는 이야기를 그린 Chris Haughton(크리스 호튼)의 그림책입니다. 그래픽디자인 느낌의 그림체와 유머를 담은 이야기가 특징인 책입니다. 친절하지만 자꾸만 헛다리를 짚는 다람쥐로 인해 여러 동물을 만나며 외모를 묻고 답하는 말이 반복됩니다. 엄마를 묘사하는 아기부엉이의 말을 활용해 외모와 생김새를 묻고 답하는 수업을 할 수 있습니다.

A Bit Lost

어휘 및 표현

What does she look like?
My mommy is very big.
My mommy has + 형용사 + 명사.
pointy ears, big eyes

그림책 활동

읽기 전 단어 구름으로 핵심 표현 찾기

단어 구름으로 표현된 낱말들을 보며 완성된 문장을 생각해봅니다. 어휘를 미리 살펴보고 순서를 조합해보며 핵심 표현에 노출될 수 있습니다. word cloud 프로그램에 문장을 입력하고 생성되는 이미지를 활용하여 시각적으로 집중하게 도와줍니다.

(출처: worditout.com)

읽기 중 엄마가 누구인지 추측하며 읽기

아기부엉이가 엄마를 묘사하는 장면에서 다람쥐가 어떤 동물에게 찾아갈지 예상하며 읽습니다.

질문		학생들의 추측
My mommy is very big. What animal is very big?	➡	elephant, bear
My mommy has pointy ears. What animal has pointy ears?	➡	rabbit, fox, bat
My mommy has big eyes. What animal has big eyes?	➡	frog, dragonfly, cow

읽기 후 내가 아기부엉이라면

엄마를 잃어버린 아기부엉이의 입장이 되어 엄마를 묘사하는 문장을 만듭니다. 생김새를 묘사하는 다양한 표현을 알 수 있는 기회가 되게 합니다.

> **Teacher's talk**
>
> If you were lost like the Little Owl, what would you say to describe your mommy?
> 여러분이 부엉이처럼 엄마를 잃어버렸다면 엄마에 대해 뭐라고 말할 것 같나요?

읽기 후 아기부엉이의 친구 찾기

책의 이야기를 변형하여 친구를 찾는 아기부엉이의 이야기를 만듭니다. 친구의 생김새를 표현하는 문장을 생각하고, 마지막에 그 특징을 모두 담은 모습의 친구를 찾는 결말로 8쪽 A4용지 그림책을 만들 수 있습니다. 생김새에 관한 표현을 생각하며 창의적으로 친구의 모습을 표현합니다.

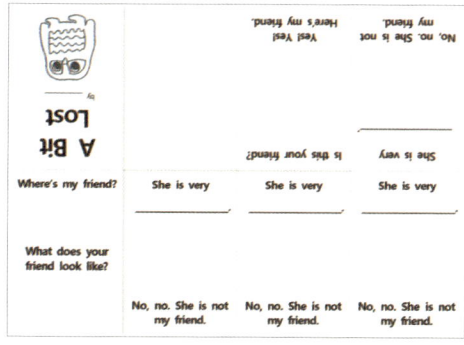 

Teacher's talk

Think of three sentences that show how someone looks.
생김새를 표현하는 문장을 세 가지 생각하세요.

Draw a character on the fourth page with all three characteristics.
마지막 장면에서 세 가지의 특징을 모두 가진 친구를 표현하세요.

아이들의 한 뼘 성장

- 생김새를 듣고 동물을 예상하니까 이야기가 더 재미있게 느껴졌다.
- 친구들이 만든 책을 보니 멋진 아이디어가 많아서 놀랍다.

38

옷차림에 대해 묘사하기

그림책 소개 및 활용

Jonathan London(조나단 런던)의 Froggy 시리즈 중의 하나로, 겨울잠에서 깨버린 어린 개구리에 대한 이야기입니다. 눈이 녹으면 일어나야 한다는 엄마의 말을 듣지 않는 Froggy의 모습에 눈을 좋아하는 아이들이 신나게 공감하며 읽을 수 있습니다. 반복적으로 실수하며 옷을 챙겨입는 주인공의 상황에서 등장하는 다양한 옷과 소품의 이름을 활용하여 옷차림에 대해 묘사하는 수업으로 연결합니다.

Froggy Gets Dressed

어휘

get dressed, put on, take off, pull on, pull off, tie on, tug on, socks, boots, hat, scarf, mittens, pants, shirt, coat, underwear

그림책 활동

읽기 전 Guess Who?

옷차림에 관한 문장을 듣고 교실에 있는 누군가를 찾아봅니다. 답을 찾기 위해 서로를 둘러보며 옷차림에 관한 표현에 익숙해지게 합니다.

활용할 수 있는 표현 예시	
He is wearing white shoes. He has a black bag.	He is wearing a blue jacket. His socks are blue.

Teacher's talk

Listen to the teacher and guess who it is.
선생님의 말을 잘 듣고 누구인지 알아맞혀 보세요.

읽기 중 의성어와 대화체 살려 읽기

지퍼, 단추 등의 소리(zoop, zup, zat)와 개구리가 움직이는 소리(flop)가 반복되므로 의성어의 느낌을 살려 읽는 재미를 더합니다. 큰 글씨는 과장되게 읽고, 옷을 입고 벗을 때는 그림을 가리켜 이해를 돕습니다.

옷을 입는 장면	zoop! zup! zat! zwit! zum! zip! 알파벳 z 소리의 재미와 리듬감을 살려 읽기
밖에서 노는 장면	into the snow — flop flop flop 눈 위를 뛰어다니는 느낌을 살려 경쾌하게 읽기
서로를 부르는 장면	FRRROOGGYY! 엄마가 부르는 모습이 그려지도록 천천히 외치며 읽기 "Wha-a-a-a-t?" yelled Froggy. : 먼 곳으로 대답하는 상황을 반영하여 천천히 읽기

> **Teacher's talk**
>
> Make the words come to life and enjoy reading them.
> 말의 느낌을 살려 재미있게 읽어보세요.

읽기 중 SWBST 표로 이야기 정리하며 읽기

SWBST(Someone, Wanted, But, So, Then) 표를 활용하여 이야기를 정리하며 읽습니다. 문장을 읽고 항목에 맞게 표의 빈칸을 채우며 내용을 요약합니다.

> **Teacher's talk**
>
> Fill in the SWBST chart to summarize the story.
> 표를 채우며 이야기를 정리해 보세요.

읽기 중·후 Froggy의 패션 네 컷

책을 읽으며 옷차림에 관한 표현을 프로기의 사진으로 담아냅니다. 읽기 후에 모둠 안에서 원하는 표현대로 바꿔 말하며 듣고 그리는 활동으로 진행할 수 있습니다.

장면 읽기	패션 네 컷 표현하기
Froggy put on his socks. Pulled in his boots. Put on his hat. Tied on his scarf.	
He had on his mittens. He had on his coat. He had in his pants. He had on his shirt.	

Teacher's talk

Draw pictures of Froggy with his clothes.
옷차림을 생각하며 프로기를 표현해보세요.

Compare the pictures with each other.
서로의 그림을 비교해보세요.

읽기 후 움직이는 그림 만들기

AI로 나만의 캐릭터를 움직이는 그림으로 만들고 옷차림을 묘사하는 활동을 할 수 있습니다. '애니메이티드 드로잉(Animated Drawings)' 프로그램에 특징이 드러나게 표현한 캐릭터를 업로드하고, 움직이는 그림으로 만들어 패들렛에 공유합니다.

캐릭터 그려 업로드하기   형체 추출 및 인식(자동)   움직이는 그림으로 변환

출처: https://sketch.metademolab.com

친구들이 만든 캐릭터 중에서 마음에 드는 작품을 고릅니다. 활동지에 캐릭터의 옷차림을 묘사한 뒤 발표를 들으며 누구의 캐릭터인지 맞혀봅니다.

> **Teacher's talk**
>
> Make your own character as a moving picture.
> 나만의 캐릭터를 움직이는 그림으로 만들어보세요.
>
> Choose your friend's character and describe its outfit.
> 친구의 캐릭터를 보고 옷차림에 관해 묘사해보세요.

아이들의 한 뼘 성장

- 프로기가 옷만 갈아입다가 다시 자러 가는 게 웃기고 귀여웠다.
- 우리가 만든 움직이는 캐릭터를 보고 문장을 쓰니 너무 신났다.

39

장소를 묘사하기

그림책 소개 및 활용

주인공 Bear가 자신의 집을 소개하는 이야기입니다. 어떤 곳인지, 혹은 무엇을 하는 곳인지 차례대로 안내하는 흐름을 따라가다 보면 자연스럽게 장소의 이름과 역할을 익힐 수 있습니다. 친구의 집을 구경하는 마음으로 그림을 천천히 관찰하여 읽으며 장소를 묘사하는 수업에 활용합니다.

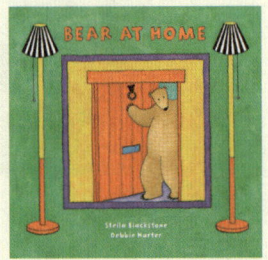

Bear At Home

어휘

This is the 명사(장소).
dining room, playroom, living room, hallway, library, bathroom, bedroom, downstairs, upstairs, toy chest, stairs, chairs, walls

그림책 활동

읽기 전 한 줄 빙고(Line Bingo)

한 줄 빙고는 양 끝에 있는 낱말이 불리면 뜯어서 없애는 방식으로 가장 먼저 종이를 없애는 사람이 이기는 놀이입니다. A4용지를 길게 네 등분으로 오려 나눠 가진 뒤, 각자 여섯 등분으로 접고 책에 나오는 단어 중 여섯 개를 골라 적습니다. 일반 빙고와 다르게 부를 수 있는 단어가 반복되므로 새로운 어휘를 익히기에 효과적입니다. 전체 활동 후에는 뜯은 카드를 재배열하여 모둠 활동으로 반복합니다.

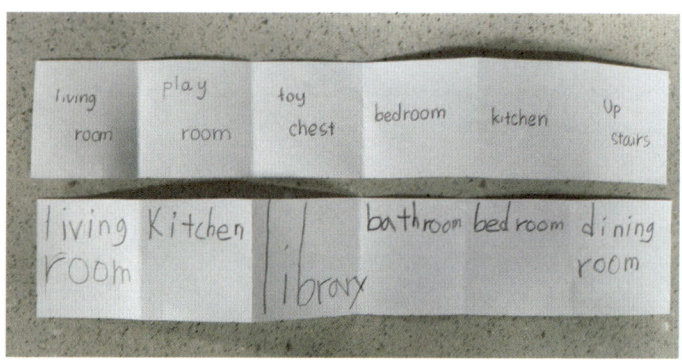

활용할 수 있는 표현 예시			
bedroom	kitchen	dining room	library
playroom	living room	hallway	bathroom

> **TIP** 낱말을 부를 때 학생들이 상자에서 낱말을 하나씩 뽑아 읽도록 참여시키면 더 재미있는 활동이 됩니다.

읽기 전·중 장소와 표현 연결하며 읽기

장소와 짝이 될 것 같은 표현을 예상하여 연결하여 봅니다. 단어를 읽고 연결하는 동안 자연스럽게 어휘를 살피고 이야기에 대해 예상하며 흥미를 높입니다.

> **Teacher's talk**
>
> **Match the words with the places.**
> 장소와 의미가 통하는 표현끼리 연결해보세요.
>
> **Read the story and correct the answers.**
> 이야기를 읽으며 답을 맞게 고쳐보세요.

읽기 중 My house vs. Bear's house

우리 집과 곰의 집 비교하기를 통해 집중하여 읽습니다. 공통점 또는 차이점을 찾아 벤다이어그램에 표현하며 장소나 물건에 관한 다양한 단어를 습득합니다.

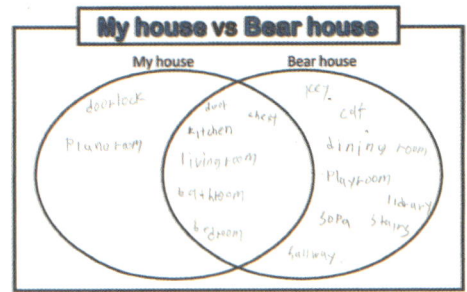 

> **Teacher's talk**
>
> Read the story and compare your house to Bear's house.
> 이야기를 읽으며 우리 집과 Bear의 집을 비교해 보세요.
>
> Find things that are the same and different between the two houses.
> 두 집에서 서로 같은 점과 다른 점을 찾아보세요.

읽기 후 나의 Dream House 설계하기

곰의 집에 있는 가구나 소품을 참고하여 나만의 창의적인 집을 구상합니다. 아이스크림 막대기로 지붕을 표현하고 꾸민 집을 친구들에게 소개합니다.

표현 예시
This is my dream house. This is a living room. This is a bedroom. This is a kitchen. This is a restroom.

> **Teacher's talk**
>
> Design your own creative house just like Bear's house.
> 곰의 집처럼 나만의 창의적인 집을 구상해보세요.

아이들의 한 뼘 성장

- 장소랑 단어를 연결하며 읽으니 책에 더 집중이 잘 되었다.
- 곰의 집과 우리 집을 비교하면서 새로운 단어를 알 수 있었다.

40

감탄 표현하기

그림책 소개 및 활용

꼬마 Dot가 오리 친구를 집에 초대합니다. 상대를 존중하지 않는 예의 없는 행동으로 인해 서로에게 화가 나는 두 친구의 상황을 통해 친구 사이에도 예절이 필요함을 배울 수 있는 책입니다. '참 무례하네! 맛있네! 예의 바르네! 웃기네!' 등과 같은 행동이나 상황에 대한 반응을 활용하여 감탄하거나 묘사하는 말을 익히고, 이를 확장하여 감탄하는 말을 만들어보는 활동으로 연결합니다.

How Rude!

어휘 및 표현

How + 형용사!
rude, delicious, polite, funny
tea, hang, comfy, ham, cheese, cucumber, thirsty, drink, fill, forget, sugar, wait, piece, mine, hurry,

그림책 활동

읽기 전 반대말 찾기

감탄 표현에서 사용된 단어의 반대말로 연결된 퍼즐 조각을 맞추며 단어의 뜻을 살펴봅니다. 각자 조각을 섞은 뒤 짝과 바꾸어 서로 문제를 풀게 하는 식으로 활동할 수 있습니다. 퍼즐을 완성하며 감탄문에 사용된 반대말을 자연스럽게 익힙니다.

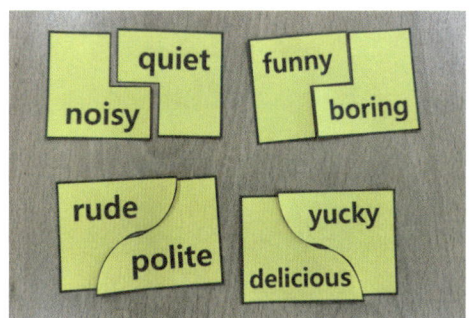

Teacher's talk

Do the word puzzles and match the words with their opposites.
퍼즐을 맞추어 반대말을 찾아보세요.

읽기 중 감탄 표현 강조하여 읽기

이야기가 전개되는 동안 How rude! 라는 문장이 반복되며 주인공의 감정을 표현합니다. 감정이 고조될수록 글자의 크기가 조금씩 커지므로, 글자 크기에 맞추어 문장을 강조해서 읽습니다.

> How rude! → How rude! → How rude! → **HOW RUUUUUDE!**

감탄문을 강조하며 책을 읽은 뒤, 감탄 표현이 나오는 부분을 학생들이 찾아서 읽게 할 수 있습니다. 읽어야 할 부분을 찾고 기다리는 과정에서 자연스럽게 읽기의 집중도를 높입니다.

> **Teacher's talk**
>
> **Take a look at how the size of 'How rude!' changes.**
> 'How rude!' 문장의 크기가 어떻게 변하는지 살펴보세요.
>
> **Read aloud the sentence that begins with 'How'.**
> 'How'로 시작하는 문장을 소리내어 읽으세요.

읽기 후 만화로 표현하기

감탄하는 말을 할 수 있는 장면을 만화로 표현합니다. 간단한 장면이나 상황을 생각하여 그린 뒤 말풍선을 사용하여 'How (형용사)!' 형태로 나타냅니다.

> **Teacher's talk**
>
> **Make a comic strip that shows admiration.**
> 감탄하는 표현이 드러나는 장면을 만화로 그려보세요.

읽기 후 12일 칭찬 달력 만들기

Advent Calendar(어드벤트 캘린더, 12월 1일부터 크리스마스까지 매일 한 칸씩 열 수 있게 작은 문이 달린 영미권의 달력)를 흉내 낸 12일 칭찬 달력을 만들어봅니다. 달력 앞 장의 문 위에 감탄 표현을 쓰고, 뒷장과 붙여 문을 열면 친구의 이름이 보이게 합니다. 각자의 사물함 앞에 붙여두고 날짜 순서대로 문을 열어 12일간 친구들을 칭찬하며 감탄 표현을 연습합니다.

앞장 / 뒷장

앞장에 감탄 표현 쓰고
각 열의 중간 세로선 접기

각 칸을 ㄴ자로 오려
창문 만들기

앞 뒷장 풀로 붙이고
안에 친구 이름 쓰기

활용할 수 있는 표현 예시		
How tall!	How polite!	How smart!
How pretty!	How fun!	How kind!
How friendly!	How sweet!	How cute!
How lovely!	How nice!	How creative!
How clever!	How helpful!	How gentle!

> **TIP** 학급 인원수에 따라 각 칸에 들어갈 친구 이름의 수를 조절합니다.

Teacher's talk

Let's make a 12-day praise calendar.
12일 칭찬 달력을 만들어보세요.

Write a compliment on the front and your friend's name on the back.
문 앞에 칭찬을 쓰고 뒷장에 친구의 이름을 적으세요.

Open the windows and praise each other for 12 days.
창문을 열어 12일 동안 서로 칭찬해 주세요.

아이들의 한 뼘 성장

- 칭찬 달력으로 친구들을 칭찬하니 친구들이랑 사이가 더 좋아진 것 같다.
- 나도 다른 사람에게 예의 바르게 행동해야겠다는 생각이 든다.

41
일상과 여가 활동을 표현하기

그림책 소개 및 활용

금요일마다 아빠와 함께하는 주인공 아이의 특별한 시간에 관한 이야기입니다. 평범한 일상에서도 특별한 즐거움을 찾아 즐기는 아이의 섬세함과 다정함이 따뜻하게 느껴지는 책입니다. 가족과 함께 하는 일상을 떠올려보고, 또 내가 주기적으로 하는 일이나 특별한 여가 활동을 현재형으로 표현해보는 수업에 활용합니다.

Every Friday

어휘

Friday, favorite, leave, early, rush, take time, wave, count, mail, breakfast, diner, waitress, guess, hurry, soon, already

그림책 활동

읽기 전 단어 지우개

책의 제목을 알려준 뒤 단어 지우개 활동으로 단어를 지우면서 이야기의 어휘를 미리 살펴봅니다. 관련 없는 단어를 찾아 지우기 위해 제시어를 훑어보며 자연스럽게 책의 내용을 유추하게 됩니다. 이야기와 관련이 없을 것 같은 단어 다섯 가지를 찾아 지우고, 왜 그렇게 생각하는지 이유도 자유롭게 나누어보게 하며 책에 대한 흥미를 유발합니다.

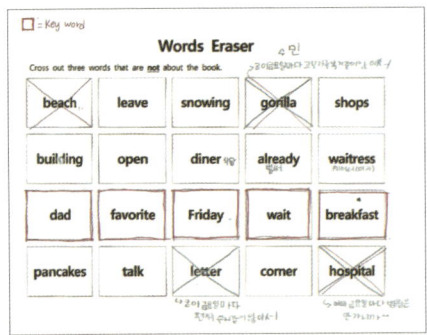 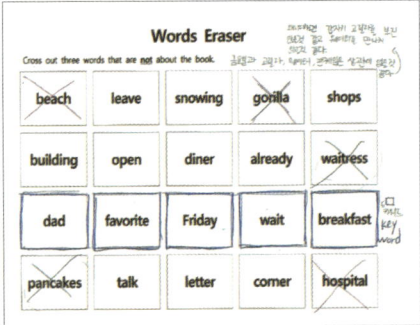

Teacher's talk

Find three words that are not related to the book and cross them out.
책과 관련 없는 세 단어를 찾아 지우세요.

Write a reason why you think so.
왜 그렇게 생각하는지 이유도 써보세요.

읽기 중·후 키워드로 한 문장 요약하기

단어 지우개의 단어 중에서 책의 키워드 다섯 개(dad, favorite, Friday, wait, breakfast)를 알려주고 표시합니다. 키워드를 연결하여 한 문장을 만들면 책의 내용을 요약한 한 줄 쓰기가 됩니다. 모둠원과 협력하며 문장을 만드는 법을 익히고 책의 내용을 더 깊이 있게 이해할 수 있습니다. 모둠별로 완성한 문장을 공유하여 책의 내용이 잘 표현되었는지 확인합니다.

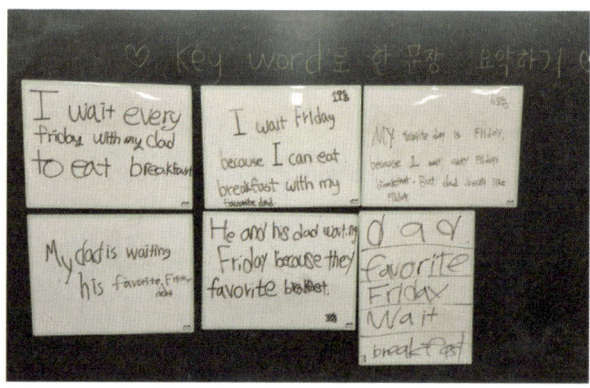

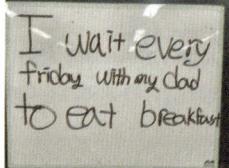

> **Teacher's talk**
>
> Summarize the story in one sentence using the keywords.
> 키워드를 사용하여 책의 내용을 한 문장으로 요약해보세요.
>
> If it's difficult, try using just two or three words.
> 어려운 사람은 2~3개의 단어만 사용해서 도전해보세요.

읽기 후 　나의 일상과 여가 활동

금요일마다 아빠와 특별한 아침을 보내는 주인공처럼 가족과 함께하는 특별한 시간을 표현해봅니다. 가족 또는 소중한 누군가와 함께하는 여가 활동을 현재형 동사로 표현할 수 있습니다. 나만의 특별한 활동, 상황, 시간 등을 생각하고 이야기를 완성한 뒤 짝과 대

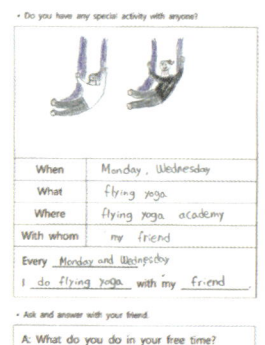

화를 만들어 말하기를 연습합니다.

> **Teacher's talk**
>
> **Do you have a special activity you enjoy doing with a family member?**
> 가족 중 누군가와 함께하는 특별한 활동이 있나요?
>
> **Share your story with your friends.**
> 완성되었으면 친구와 이야기를 나눠보세요.

아이들의 한 뼘 성장

- 가족과 함께하는 시간에 대해 생각해 보는 기회가 되었다.
- 일상을 표현하는 방법을 활용해서 영어 일기를 한번 써보고 싶다.

42
아픈 증상에 대해 표현하기

그림책 소개 및 활용

애니메이션 같은 그림체로 신체 증상에 관한 표현이 묘사된 책입니다. 직관적인 그림을 통해 아픈 곳에 관한 다양한 어휘를 접할 수 있습니다. 신체 증상에 관한 기본 표현을 교과서로 학습한 뒤, 더 알고 싶은 여러 증상에 대한 표현을 심화하는 수업에 활용하기 좋으며 필요한 부분만 발췌하여 학습할 수 있습니다.

I Feel... Sick

어휘

sick, headaches, nose runs, tummy's upset, sweats, tired, rash, dizzy, spin, cold, hot, both, throw up, bug, swab, snot, gassy, stink, puffy, itchy, pink, throat, sore, hurt, flavor, ill

그림책 활동

읽기 전·중·후   KWL 전략으로 단어 점검하기

알고 있는 것(Know), 더 알고 싶은 것(Want to know), 알게 된 것(Learned)에 대해 점검하는 KWL 전략을 단어 습득에 적용해봅니다. 이야기를 읽기 전에 알고 있는 단어를 먼저 쓴 뒤, 책을 통해 새로 알고 싶은 단어를 선택하게 하여 수준에 맞는 능동적인 학습이 되게 합니다. 읽기 후 새로 알게 된 단어를 확인하며 배운 내용을 정리합니다.

- Think of different expressions for physical symptoms(신체 증상).

Know	Want to know	Learned
☑ cold	☑ 가스가 찬	□ gassy
☑ runny nose	□ 콧물	□ sweat
☑ fever	☑ 땀이 나는	□ puffy
□ toothache	☑ 두드러기	□ rush
☑ stomachache	□ 어지러운	☑ itchy
	□ 토하다	□ sore
	☑ 가려운	
	☑ 부은	
	□ 따가운, 아픈	

Know	Want to know	Learned
□ fever	☑ 가스가 찬	□ gassy
□ runny nose	□ 콧물	□ snot
□ headache	☑ 땀이 나는	□ sweat
□ toothache	☑ 두드러기	□ rash
□ stomachache	☑ 어지러운	□ dizzy
□ cut on my finger	☑ 토하다	□ throw up
□ cough	☑ 가려운	□ itchy
	☑ 부은	□ puffy
	□ 따가운, 아픈	□ sore

> **✓ TIP** 세부 내용을 모두 이해하는 데 중점을 두기보다는, 알고 싶은 증상에 관한 단어에 집중하며 그림과 표현을 연결할 수 있게 도와줍니다.

Know	Do you know any words about pain or symptoms? 통증이나 증상에 대해 어떤 단어를 알고 있나요?
Want to know	Is there any other word you want to know? 더 알고 싶은 단어가 있나요?
Learned	What is the new word you learned? 새로 알게 된 단어는 무엇인가요?

읽기 후   단어 팝콘 튀기기

'팝콘 알파벳 게임'이라는 보드게임을 응용하여 단어를 반복하여 익힙니다. 단어가

적힌 팝콘 조각과 Pop이 적힌 조각을 몽땅 주머니에 넣고 흔든 뒤 돌아가면서 팝콘을 하나씩 뽑아 읽습니다. Pop 조각을 뽑으면 모둠 친구들에게 내가 가진 팝콘을 하나씩 나눠 주고 활동을 계속합니다. 팝콘을 가장 많이 모은 사람이 이기는 규칙으로 진행하는 동안 반복하여 읽으며 재미있게 어휘를 익힙니다.

● **TIP** 술래가 뽑은 팝콘을 모두 함께 읽게 하여 서로 협력하도록 유도하며, 정해진 시간 동안 더 많은 팝콘을 모으는 활동으로 모둠별 대결을 할 수 있습니다.

Teacher's talk

Take turns to pick a word popcorn and read it aloud.
돌아가면서 단어 팝콘을 뽑아 읽으세요.

When you pull out a 'pop piece', give everyone one of your popcorn cards.
Pop 조각을 뽑으면 모두에게 팝콘을 하나씩 나눠주세요.

읽기 후 색종이로 표현 익히기

증상에 관한 표현을 색종이로 만들어 감각적으로 익힙니다. 새로 알게 된 표현을 모둠별로 하나씩 맡아 색종이 소품으로 나타내고 발표합니다. 만드는 과정에서 재미있게 어휘를 익힐 수 있게 하며, 서로의 소품을 보며 어떤 증상을 표현한 것인지 추측해봅니다. 소품 대신 동작 힌트로 표현 맞히기 활동을 해도 좋습니다.

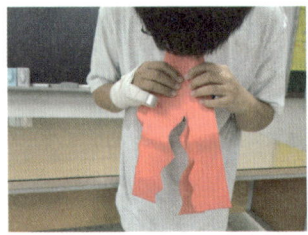
throw up

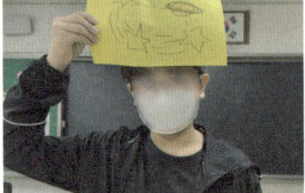
dizzy

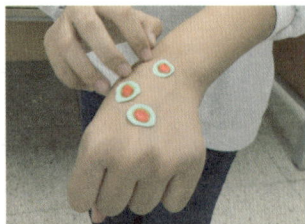
itchy

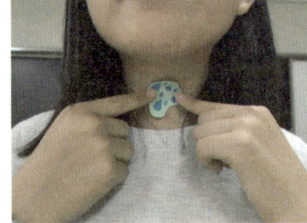
sore throat

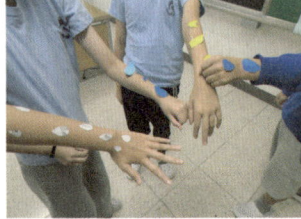
rash

gassy

> **Teacher's talk**
>
> Use colored paper props to show the expressions.
> 색종이 소품을 활용하여 표현을 보여주세요.
>
> Look at your friends' colored paper props and guess what symptoms they show.
> 친구들의 색종이 소품을 보고 어떤 증상인지 맞혀보세요.

아이들의 한 뼘 성장

- 좀 어렵기도 했지만 궁금했던 새로운 표현을 배울 수 있었다.
- 우리 모둠이 만들었던 rash를 친구들이 금방 맞혀서 잘 만들었다고 생각했다.

43
증상에 대해 처방하기

그림책 소개 및 활용

멈추지 않는 딸꾹질 때문에 고생하는 해골의 이야기입니다. 뼈만 있는 몸 때문에 다양한 처방이 무용지물이 되는 상황이 유쾌하게 표현되어 웃음을 줍니다. 해골에게 유령 친구가 알려주는 처방과 해결책을 통해, 아픈 증상에 대해 조언하는 다양한 표현을 익히는 수업으로 활용합니다.

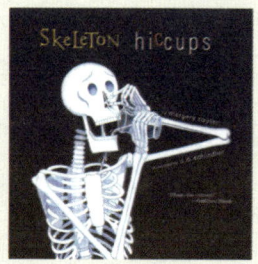

Skeleton Hiccups

어휘

wake, hiccups, shower, brush, teeth, polish, bones, carve, pumpkin, rake, leaves, ghost, hold, breath, sugar, press, finger, eyeball, upside down, make a face, stay, mirror, hold, scream

그림책 활동

읽기 전 제목 추측하기

코를 막고 물을 마시는 표지의 해골 모습을 보며 제목을 추측해봅니다. '해골'과 '딸꾹질'이라는 단어를 자연스럽게 알게 하고 이야기에 관심을 가지게 합니다.

> **Teacher's talk**
>
> Look at the book cover and guess the title.
> 표지의 그림을 보며 제목을 예상해 보세요.

읽기 중 세 박자 리듬으로 읽기

책의 대부분 문장이 세 박자에 맞춰 읽을 수 있게 되어 있습니다. 세 박자 마디의 끝마다 딸꾹질 소리를 연결하여 리듬에 맞춰 재미있게 읽기를 연습할 수 있습니다. 리듬 스틱을 사용하여 읽기의 속도를 조절하며 단계를 높입니다.

세 박자로 읽기 예시		
Press · your · fingers	➡	hic · hic · hic
Drink · some · water	➡	hic · hic · hic
Up · side · down	➡	hic · hic · hic

> **Teacher's talk**
>
> Read the sentence to the rhythm of three beats.
> 세 박자의 리듬에 맞춰 문장을 읽어보세요.

읽기 후   딸꾹질 멈추는 법 조사하기

딸꾹질을 멈추는 방법에 대한 아이디어를 모아 모둠 처방 목록을 만들어봅니다. 딸꾹질했던 경험을 떠올리며 재미있고 기발한 아이디어를 발산할 수 있도록 격려합니다.

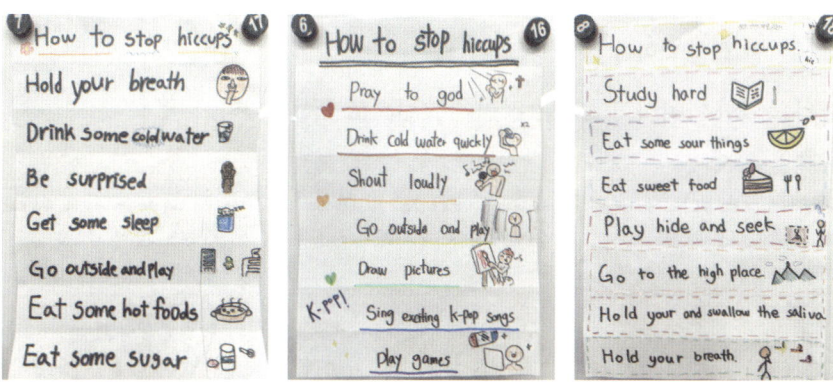

Teacher's talk

Think of fun and creative ways to stop hiccups.
딸꾹질을 멈추게 하는 창의적이고 재미있는 방법을 생각해보세요.

읽기 후   몸짓으로 퀴즈 내기

각자 목록에서 마음에 드는 처방을 한 가지 골라 몸짓으로 표현합니다. 친구들의 몸짓 발표를 보고 목록 중의 어떤 처방인지 골라 맞히며 문장 읽기와 말하기를 연습합니다.

Plug your ears　　　　　　Hold your breath　　　　　　Beat your chest

> **Teacher's talk**
>
> Watch your friends' gestures and choose the sentence from the list.
> 친구들의 몸짓을 보고 어떤 문장인지 목록에서 골라보세요.

읽기 후 한 장면 더하기

나만의 특별한 아이디어를 담은 장면을 그림으로 표현합니다.

> **Teacher's talk**
>
> Draw a picture showing your favorite way to stop hiccups.
> 가장 마음에 드는 딸꾹질 처방을 그림으로 표현해보세요.

아이들의 한 뼘 성장

- 해골이 딸꾹질하는 상황이 그림책으로 되어있으니 재미있고 웃겼다.
- 딸꾹질을 멈추게 하는 새로운 방법들을 많이 알게 되었다.

44
비교하는 표현하기(원급)

도서 영상

그림책 소개 및 활용

귀뚜라미만큼 빨리 달릴 수도, 개미만큼 작아질 수도 있는 수많은 '나'의 모습을 동물에 비유한 문장으로 나열한 Audrey Wood(오드리 우드)의 그림책입니다. 특징을 과장되게 표현한 그림을 통해 형용사의 의미를 잘 보여주므로 어휘를 이미지와 함께 익히기에 효과적입니다. 나를 표현하는 문장을 통해 자신의 성격이나 생김새, 감정 등을 동물에 빗대어 묘사하는 수업에 활용합니다.

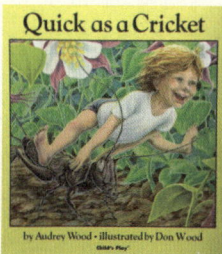
Quick As a Cricket

어휘 및 표현

I'm as + 형용사 + as a + 명사.
quick, slow, small, large, sad, happy, nice, mean, weak, strong, loud, quiet, tough, gentle, brave, shy, tame, wild, lazy, busy cricket, snail, ant, whale, basset, lark, bunny, shark, toad, fox, kitten, ox, lion, clam, rhino, lamb, tiger, shrimp, poodle, chimp, lizard, bee

그림책 활동

읽기 전 단어 세트

형용사와 동물의 짝을 지으며 어휘를 확인합니다. 의미가 연결되는 단어끼리 연결함으로써 단어의 뜻을 유추해 볼 수 있습니다.

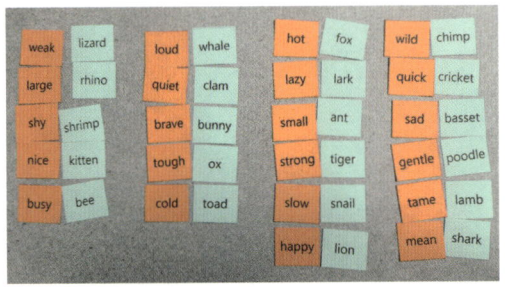

Teacher's talk

Match the words with the animals and guess the meaning.
단어와 동물을 연결하고 뜻을 추측해 보세요.

읽기 중 빈칸 채우며 읽기

화면을 가득 채우는 큰 그림 아래에 문장이 자막처럼 배치되어 있는 책의 구조로 인해 단어나 문장을 가리고 읽기에 좋습니다. 숨기는 부분을 한 단어에서 두 단어, 어구 순으로 점차 늘여가며 단계적으로 문장 만들어 읽기를 연습합니다.

책의 문장	단어
I'm as _____ as a cricket.	quick
I'm as _____ as a snail.	slow
I'm as small as an _____.	ant

> **Teacher's talk**
>
> Complete the sentence in your mind and read it aloud.
> 마음속으로 문장을 완성하고 소리 내어 읽으세요.

읽기 후 비유 표현 만들기

특징을 표현하는 단어로 성질이나 상태를 비유로 나타내봅니다. 흔히 쓰이는 비유 관용구를 알려주어 다양한 아이디어를 발산하게 할 수 있습니다.

비유(simile) 관용구 예시	
busy as a bee blind as a bat bright as a button dry as a bone	cool as a cucumber sharp as a needle easy as ABC hard as rocks

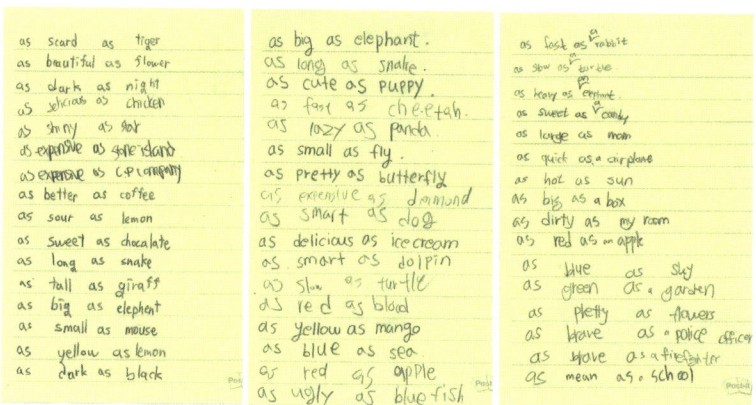

학생들이 찾은 비유 표현

> **Teacher's talk**
>
> Think of your favorite things and make similes.
> 좋아하는 것들을 떠올려 비유하는 표현을 만들어보세요.

읽기 후 핑거 비주얼씽킹(Finger Visual Thinking)

손가락 모양의 틀에 글과 그림을 배치하여 생각을 표현하는 핑거 비주얼씽킹(Finger Visual Thinking)으로 '나'를 시각적으로 나타내봅니다. 비유할 대상과 비교하는 말을 그림과 문장으로 표현하고 서로의 손가락을 소개합니다. 자신을 나타내는 비유 문장을 만들며 표현을 내면화합니다.

> **Teacher's talk**
>
> Trace your hand and think of five things that represent you.
> 손 모양을 따라 그리고 자신을 나타내는 대상을 다섯 가지 생각하세요.
>
> Write comparative sentences and introduce yourself to each other.
> 비교하는 문장을 쓰고 친구들에게 서로를 소개해보세요.

아이들의 한 뼘 성장

- 신기한 비유 표현을 많이 알게 되었다.
- 손가락으로 나무를 만들어 전시하니 뭔가 큰일을 해낸 느낌이 들었다.

45
비교하는 표현하기(비교급)

그림책 소개 및 활용

알파벳 순서대로 등장하는 동물들이 수수께끼처럼 연결되는 Julia Donaldson(줄리아 도널드슨)의 그림책입니다. 구멍이 뚫리거나 펼칠 수 있는 페이지가 있어 재미있고, 표현을 통해 다음에 나올 동물을 추측하며 읽기 좋습니다. 책에서 제시하는 질문에 답하며 특징에 관한 묘사를 반복적으로 익히고 책의 형식을 이용하여 새로운 표현을 만들어보는 수업을 할 수 있습니다.

Animalphabet

어휘 및 표현

Who is + 형용사 + er than a + 명사(동물)?
prettier, faster, bigger, pinker, butt, pricklier, wrinkles, jump, spottier, dig deeper, sing, hug tighter, muddier, fly, longer ears, slither, growl, keep off, shyer, see-through, shaggier, smaller, stripes, more, better, much

그림책 활동

읽기 전 첫 글자 동물 떠올리기

표지를 보며 각 알파벳의 첫 글자로 시작하는 동물들이 순서대로 나오는 내용임을 알려줍니다. 어떤 동물이 등장할 것 같은지 예상하여 알파벳 첫 글자표에 모아봅니다. 개수를 많이 찾아내기보다는 친구들과 상의하여 각 글자로 시작하는 동물 이름을 떠올리며 책에 대한 흥미를 높이는 것에 중점을 두도록 합니다.

a	b	c	d	e
armadillo	bee	cat	dog	elephant
f	**g**	**h**	**i**	**j**
frog	goat	horse	iguana	jellyfish
k	**l**	**m**	**n**	
koala	lion	monkey		
o	**p**	**q**	**r**	**s**
owl	pig		rabbit	snail
t	**u**	**v**	**w**	**x**
turtle	unicorn	~~cat~~	whale	
y	**z**			
yak	zebra			

Teacher's talk

What animals do you think will be in the book?
책에 어떤 동물이 나올 것 같나요?

Think of animals that begin with each letter of the alphabet and write them down.
알파벳의 각 글자로 시작하는 동물을 생각하여 써보세요.

읽기 중 답을 추측하며 읽기

다음 페이지에 나올 동물을 맞히며 읽습니다. 책 전체를 같은 방식으로 읽으면 호흡이 길어져 집중하기 어려우므로, 각자 추측한 답을 말하며 함께 읽다가 중간 정도부터는 모둠 보드를 활용하여 퀴즈 맞히기로 활동하면 좋습니다. 아는 단어를 떠올리며 읽기에 몰입하고 협력하며 새로운 단어를 찾을 수 있습니다. 질문을 읽어줄 때 비교 표현을 강조하여 표현에 익숙해지게 합니다.

교사	개인 또는 모둠
Who is **pr**ettier than an **a**nt?	(b로 시작하는 동물 추측) bird, bee, bunny…
Who is **f**aster than a **c**aterpillar?	(d로 시작하는 동물 추측) dog, dolphin, dragonfly…

읽기 중 비교하는 말 찾으며 읽기

순서대로 나열된 동물들에 대해 비교하는 말을 찾으면서 읽습니다. 동물 이름을 줄 세워 쓰게 하거나, 비교하는 말로 동물 사이의 관계를 표현하며 의미를 익힐 수 있습니다.

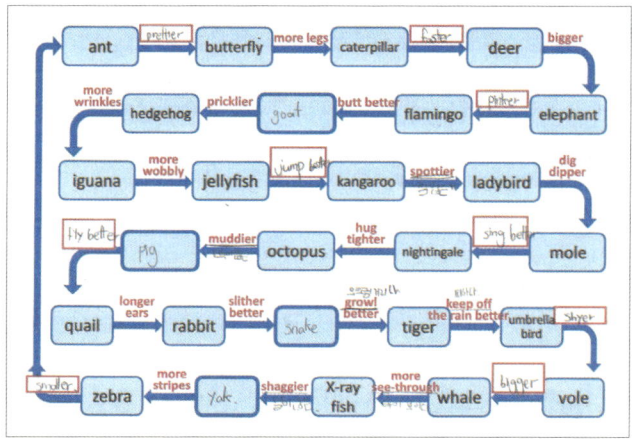

Teacher's talk

What is better about the next animal compared to the previous one?
이전과 비교해서 다음 동물은 어떤 점이 더 낫나요?

As you read the book again, write it on the arrow.
책을 다시 읽으면서 화살표 위에 써보세요.

> **읽기 후** 퀴즈 만들기

동물들로 Animalphabet Quiz를 만들어 줄을 세웁니다. 좋아하는 동물로 비교 문장을 만들어보면서 자연스럽게 어휘와 표현을 익히게 됩니다. 동물 그림을 가린 채 문제를 공유하여 서로가 만든 문장을 읽어보며 정답을 맞힙니다.

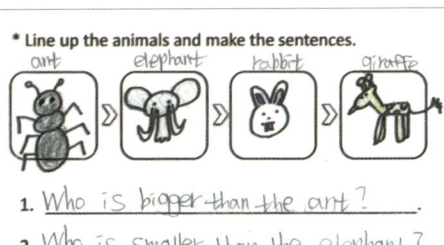

예시로 쓸 수 있는 확장 표현
bigger, smaller, louder, quieter, smarter, stronger, weaker, dirtier, cleaner, taller, longer, cuter, prettier, scarier, heavier, lighter, faster, slower

> **Teacher's talk**
>
> **Think of animals you like.**
> 자신이 좋아하는 동물들을 떠올려보세요.
>
> **Compare the characteristics and line them up in order.**
> 특징을 비교하여 순서대로 나열하세요.

> **읽기 후** 모둠 올림픽

모둠에서 종목별로 대표 선수를 선발하여 골고루 돌아가며 올림픽을 즐길 수 있습니다. 경기 결과에 따라 친구의 이름을 넣어 문장을 만들어 비교 표현을 연습합니다. 개인 경기이지만 모둠별 점수로 계산하여 서로 협력하게 합니다.

Game	Player	Medal	Sentence
tall (키)	김민찬	금 은 동	• (김민찬) is _taller_ than (김민준). • (김민선) is _the tallest_.
short (키)	유도현	금 은 동	• (권효주) is _shorter_ than (유도현). • (박정현) is _the shortest_.
strong (팔씨름)	조하율	금 은 동	• (지민준) is _stronger_ than (조하율). • (강찬영) is _the strongest_.
fast (손님 찾기)	김가경	금 은 동	• (김보명) is _faster_ than (김용). • (김세영) is _the fastest_.
smart (퀴즈 풀기)	유도현	금 은 동	• (파서명) is _smarter_ than (배우). • (유도현) is _smartest_.
young (생일 비교)	이예지	금 은 동	• (이예지) is _younger_ than (홍은비). • (강가현) is _the youngest_.
funny (웃긴 표정)	김민찬	금 은 동	• (이헌이) is _funnier_ than (김하희). • (이한이) is _the funniest_.
score (합계)		41 점	※금:10점, 은:5점, 동:3점으로 계산

luckier	교과서를 랜덤으로 펼쳐 페이지에 그려진 사람 수를 비교하기
higher	손을 위로 뻗어 벽에 포스트잇을 붙이고 높이를 비교하기
longer	머리카락 한 가닥을 뽑아 길이를 비교하기
heavier	가지고 있는 필통이나 입고 있는 재킷의 무게를 비교하기

Teacher's talk

Please select the players from your group for each sport.
종목에 따라 모둠의 대표 선수를 뽑습니다.

Once ranked, write your friend's name and complete the sentence.
순위가 정해지면 친구의 이름을 넣어 문장을 완성하세요.

아이들의 한 뼘 성장

- 동물들을 비교하면서 표현을 배우니 이해가 잘 되었다.
- 내가 만든 퀴즈를 친구가 맞혀서 뿌듯했다.

46
비교하는 표현하기(최상급)

그림책 소개 및 활용

Mo Willems(모 윌렘스)가 기획하고 Laurie Keller(로리 켈러)가 만든 그림책으로 개성을 뽐내는 잔디들 사이에서 자신만의 장점을 찾지 못해 고민하는 주인공 Walt의 이야기를 담고 있습니다. 시간이 걸리더라도 누구나 특별함을 찾을 수 있다는 메시지를 전하는 책입니다. 각자 최고라 여기는 잔디들의 대화를 통해 다양한 형용사의 최상급 표현을 익히는 수업으로 연결합니다.

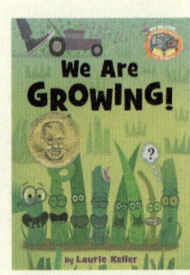
We Are Growing!

어휘 및 표현

I'm the + 형용사 + est.
grow, tall, tallest, curly, curliest, silly, silliest, pointy, pointiest, crunchy, crunchiest, dandy, dandiest, dandelion, weed, neat, neatest, something-est

그림책 활동

읽기 전 STW 전략으로 표지 살펴보기

STW 전략은 그림에서 무엇이 보이는지(See), 무슨 일이 일어난다고 생각하는지(Think), 무엇이 궁금한지(Wonder)에 대해 사고하도록 유도하는 질문법입니다. 표지를 함께 살펴보며 STW 질문을 통해 흥미를 끌어내고 학습자와 이야기 간의 관련성을 높입니다.

See	green grass, foot, plant, cart, yard
Think	They're growing. They are playing together.
Wonder	What are they talking about? Why do they look happy?

Teacher's talk

What do you see on the cover?
그림에서 무엇이 보이나요?

What do you think is happening in the picture?
무슨 일이 일어나고 있는 것 같나요?

What do you want to know about the book?
책에 대해 알고 싶은 것이 있나요?

읽기 중 구조에 따라 장면 배치하기

이야기를 읽으면서 처음(자람을 기뻐하는 잔디들), 중간(각자 최고라고 뽐내는 잔디들), 끝(자신만의 개성을 찾아내는 주인공)으로 장면 카드를 배치해봅니다. 장면을 구조화하는 활동을 통해 이야기의 흐름을 시각적으로 파악하고, 내용을 더 깊이 있게 이해할 수 있습니다.

> Teacher's talk
>
> Read the book, arrange the scenes in the order of beginning, middle, and end.
> 이야기를 읽으면서 처음, 중간, 끝으로 장면을 다시 놓아보세요.

읽기 후 3단 플랩북 만들기

단계별로 펼쳐볼 수 있는 책으로 이야기의 내용을 표현합니다. 서로의 플랩북을 단계별로 펼쳐보며 잔디의 모양과 표현을 추측하고 이를 연결하며 이야기를 상기할 수 있습니다. 그림과 말풍선의 문장으로 재미있게 표현을 익힙니다.

접힌 상태의 플랩북

1단 펼치기
(표현 떠올리기)

2단 펼치기
(표현 읽으며 특징 떠올리기)

3단 펼치기
(확인하기)

> **Teacher's talk**
>
> Write sentences and draw pictures so you can open and read each flap one by one.
> 단계별로 펼쳐 읽을 수 있게 대사를 쓰고 그림을 그리세요.
>
> Open only one flap of your friend's book and think about the expression.
> 친구의 플랩북을 1단만 펼친 상태로, 표현을 떠올려보세요.

확장할 수 있는 표현 예시	
I am the prettiest! I am the handsomest! I am the cutest! I am the kindest!	I am the smartest! I am the strongest! I am the funniest! I am the happiest!

> **Teacher's talk**
>
> Cut colored paper and design your own grass.
> 색종이를 잘라 나만의 잔디를 만들어보세요.
>
> Make a creative grass design and write sentences about it.
> 창의적인 잔디를 표현하고 문장을 만들어보세요.

아이들의 한 뼘 성장

- 잔디들이 서로의 모습을 자랑하는 게 귀여웠다.
- 색종이로 잔디는 만드는 게 재미있었고 하면서 새롭게 알게 된 것도 있어서 좋았다.

47

감정의 원인을 표현하기

그림책 소개 및 활용

변하는 표정과 함께 Why The Face? 라는 질문이 반복되는 Jean Jullien(장 줄리앙)의 그림책입니다. 왜 그런 표정인지, 감정이나 상태의 이유를 상상해보면서 읽을 수 있습니다. 플랩북으로 호기심을 자극하면서도 핵심을 전달하는 표정과 그림이 특징입니다. 책의 구성 형식에 착안하여 다양한 감정의 원인을 표현하는 수업에 활용합니다.

Why the Face?

어휘 및 표현

Why the face?
that stinks, too loud, cool, gross, five more minutes, that's spiky, cheer up, good night

그림책 활동

읽기 전 표정에 어울리는 이유 모으기

책 속의 다양한 표정을 제시한 뒤 어떤 상황에서 이런 표정을 지을 수 있을지 추측하게 합니다. 생각을 모으면서 다양한 상황에 공감하게 됩니다. 아이들의 창의적인 의견을 격려하며 책에 대한 흥미를 불러일으킵니다.

Teacher's talk

Look at the different facial expressions and guess the reason.
다양한 표정을 보고 왜 그런지 추측해 보세요.

읽기 중 감정의 원인을 추측하기

짧은 글과 강렬한 그림 위주인 책의 특징을 활용하여 다음 장면을 퀴즈처럼 맞히면서 읽습니다. 접혀있는 플랩 페이지를 펼치기 전 Why the face? 라고 질문합니다. 읽기 전에 추측했던 감정의 이유 중 하나를 골라 퀴즈를 풀듯이 읽으면 몰입도를 높일 수 있습니다.

표정	학생들의 추측
	bad smell yucky food sneezing headache sour lemon …

Teacher's talk

What kind of situation do you think this is?
어떤 상황인 것 같나요?

읽기 후 만다라트(Mandal-art)로 감정의 원인 모으기

생각을 정리하고 아이디어를 넓히는 데 도움이 되는 활동인 만다라트(Mandal-art, 연꽃 기법)에 감정의 원인을 기록해봅니다. 사각형의 중심에 제목과 여덟 개의 감정 어휘를 하위 주제로 채운 뒤, 모둠원들이 각각의 하위 주제에 관한 낱말이나 경험을 나누어 씁니다. 도식화한 어휘를 통해 감정의 원인을 문장으로 표현할 바탕을 마련합니다.

> **TIP** 하위 주제별로 각자 2가지씩 나눠 쓰기 등의 활동 조건을 상세히 안내하여 모두가 골고루 참여하는 활동이 되게 합니다.

P.E. class	Friday	TV		fighting	tease	Math		test	home work	counsel
read book	**happy**	paper airplane		loud	**angry**	brother sister		future	**worried**	Zombie
Game	Movie	trip		hungry	no money	teacher		monday	Math	English

scared movie	Sunday night	ghost		**happy**	**angry**	**worried**		many homework	Monday	my face
Mom	**scared**	horror movie	←	**scared**	**WHY THE FACE?**	**sad**	→	finish drama	**sad**	broken Phone
Mon ster	bug	bad dream		**excited**	**jealous**	**bored**		test	army	Math

trip	Satur day	Party		new things	smart	Benz		academy	study	home work
Paper airplane contest	**excited**	P.E.		iPhone 15 pro	**jealous**	Galaxy		School	**bored**	math
E world	Friday night	Soccer		money	rich	Apple watch series 9		book	Social study	wait a roller cooster line

Teacher's talk

Think about the cause of the emotions and fill in the blanks.
감정의 원인에 대해 생각해보고 빈칸을 채우세요.

읽기 후 감정 카드 만들기

만다라트로 찾은 표현들을 활용하여 앞면에는 감정이 드러나게 표정을 그리고, 뒷면에는 이유 문장을 써서 감정 카드를 만듭니다. 감정 카드를 만들며 여러 가지 감정과 그 이유에 관한 표현을 익히고 확장할 수 있습니다.

만든 감정 카드를 들고 다니며 친구들을 만납니다. 앞면을 활용해 질문하고, 뒷면의 원인을 맞혀보는 놀이를 하며 표현을 묻고 답합니다.

표정	학생들의 추측
Why are you angry? Why are you sad? Why are you happy?	My brother broke my phone. I'm hungry. It's my birthday.

> **Teacher's talk**
>
> Draw a face that shows an emotion, and write the reason on the back.
> 감정이 드러나는 표정을 그리고, 뒷면에는 이유를 쓰세요.
>
> Ask questions about each other's emotion cards and share the answer with your friend.
> 서로의 감정 카드에 대해 묻고 답하며 친구들의 감정 카드를 살펴보세요.

아이들의 한 뼘 성장

- 책을 읽기 전에 예상하는 활동을 하니 내용이 더 기대되었다.
- 만다라트로 감정의 이유를 한눈에 모으고 볼 수 있어서 도움이 되었다.

48
이유를 묻고 답하기

그림책 소개 및 활용

종이봉투를 뒤집어쓰고 하루를 보내는 Josh의 이야기입니다. 봉투를 왜 썼는지 묻는 동생의 표현에 착안하여, 이유를 묻고 답하는 표현을 유도할 수 있습니다. 아이들의 상상력을 자극하고 소통하면서 자연스럽게 표현을 끌어내는 방식으로 수업에 활용합니다.

The Baghead

어휘 및 표현

Why are you wearing a bag?
Because I + 동사.
brown, pile, leave, crumb, plate, exclaim, climb, amused, forget, stare, frown, demand, score, pick up, own, spiky

그림책 활동

읽기 전 버블형 비주얼씽킹(Bubble Visual Thinking)

표지를 보며 주인공이 왜 종이봉투를 쓰고 있을지 상상해봅니다. 종이봉투를 쓴 이유에 대해 친구들과 이야기 나누며 버블형 비주얼씽킹으로 나타냅니다. 허용적인 분위기에서 생각을 나누게 하고 창의적인 아이디어를 격려합니다. 주인공이 왜 종이봉투를 썼을지 함께 예상하며 이야기에 흥미를 가지게 합니다.

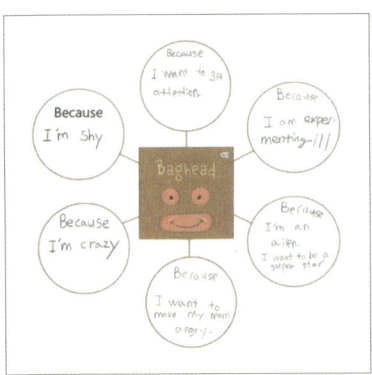 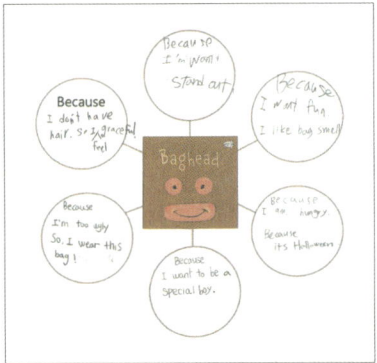

Teacher's talk

Why is Josh wearing a paper bag on his head?
Josh는 왜 종이봉투를 머리에 쓰고 있을까요?

읽기 중 생각을 물어보며 읽기

Josh를 야단치는 등장인물들의 대사를 이용해 독자를 이야기로 끌어옵니다. 종이봉투를 쓴 채 밥을 먹거나 등교하는 것 때문에 혼나는 장면에서 학생들의 생각을 물어보면, 주인공에게 감정 이입하며 Yes나 No로 대답합니다. 상황과 주인공에 대한 공감을 끌어내며 이야기에 집중시킬 수 있습니다.

인물	책의 문장(대사)	교사의 질문
Mom	You can't eat breakfast with a paper bag on your head!	Can you eat breakfast with a paper bag on your head?
Bus driver	You crazy kid! You can't go to school like that!	Can you go to school like that?
Teacher	Don't tell me you forgot your book report.	Do you think Josh forgot his homework?
Soccer coach	How do you plan to play like that?	Can you play soccer like that?

읽기 중 인물의 반응 정리하기

종이봉투를 뒤집어 쓴 주인공을 향한 인물들의 반응을 정리하며 이야기를 읽습니다. 순서대로 정리된 문장의 빈칸을 채우며 내용에 더 집중하게 합니다.

* How did the people react when he puts a paper bag on his head?

People	What They Say
Mother	You can't eat __breakfast__ with a paper __bag__ on your head!
Bus Driver	You crazy kid! You can't go to __school__ like that!
Teacher	Don't tell me you __forgot__ your __book__ report.
Soccer Coach	How do you plan to __play__ like that?
Dad	Was it crazy __hat__ day at school?
Little Sister	__Why__ are you wearing a __bag__, Josh?

Teacher's talk

How did the people react when Josh put a bag on his head?
Josh가 머리에 종이봉투를 썼을 때 사람들의 반응은 어땠나요?

Listen to the story again and fill in the blanks.
빈칸을 채우며 이야기를 다시 들어보세요.

읽기 후 나의 삶으로 이야기 연결하기

종이봉투 때문에 계속 야단맞는 주인공처럼, 사람들에게 이해받지 못했던 경험을 떠올려봅니다. 저녁 식사 때 처음으로 이유를 물어봐 준 여동생의 대화를 상기하며 자신의 마음에 귀 기울여주는 사람을 생각하고 서로의 이야기를 나눕니다.

> **Teacher's talk**
>
> **Think about a time when people didn't understand you.**
> 다른 사람들이 여러분을 이해하지 못했던 때를 떠올려보세요.
>
> **Who listened to you like Josh's little sister?**
> Josh의 여동생처럼 여러분에게 귀 기울여준 사람은 누구였나요?

읽기 후 주인공 되어보기

각자 봉투를 뒤집어쓸 이유를 한 가지씩 정합니다. 이때 버블형 비주얼씽킹의 아이디어를 참고할 수 있습니다. 포스트잇에 이유를 적어 봉투 뒷면에 붙인 뒤 종이봉투를 머리에 쓰면 술래가 됩니다. 술래는 각자 다른 모둠으로 한 명씩 흩어지고, 각 모둠의 친구들은 술래가 봉투를 쓴 이유를 추측합니다. 포스트잇의 이유와 가장 비슷하게 추측한 친구가 점수를 얻습니다.

모둠원 전체 (술래에게 묻기)	모둠원 각자 (추측한 이유 말하기)
Why are you wearing a bag?	Because I'm shy. Because It's fun. Because I like paper bag smell. Because I like a trick. …

Teacher's talk

The tagger puts a paper bag on his head and goes to different groups.
술래는 종이봉투를 쓰고 서로 다른 모둠으로 가세요.

Ask the tagger why he is wearing a bag and guess why.
술래가 왜 종이봉투를 썼는지 질문하고 이유를 추측해서 말하세요.

The person who says the most similar reason gets a point.
가장 비슷하게 이유를 말한 친구가 점수를 받으세요.

아이들의 한 뼘 성장

- 조쉬를 구해준 여동생의 아이디어가 멋졌다.
- 종이봉투를 직접 써보고 묻고 답하기를 하는 게 진짜 재미있었다.

49
의무나 조언을 나타내기

그림책 소개 및 활용

심술 난 주인공 원숭이 Jim의 이야기를 그린 Suzanne Lang(수잔 랭)의 그림책입니다. 심술 난 마음을 풀어주려 애를 쓰는 친구들에게 Jim은 짜증이 난 게 아니라고 우깁니다. 주인공의 친구들이 제안하는 내용을 활용하여, 의무나 조언을 나타내는 표현을 연습하고 확장합니다.

Grumpy Monkey

should의 의미에 대한 이해

'You should wear a seat belt.'처럼 올바르거나 적절한 행동에 관한 내용이 따라올 때는 should가 의무를 뜻하지만, 이 책에서처럼 문제 상황에 대한 유익한 해결 방법을 제시하는 경우에는 '~해야 한다'와 같은 강한 의무보다는 '~해 봐, ~하면 좋아' 정도의 조언으로 사용됨을 지도하면 좋습니다.

어휘 및 표현

You should + 동사원형.

sing, swing, roll, stroll, lie in the grass, take a bath, make a splash, hug, laugh, take a nap, eat old meat or some honey, jump up and down, sit, dance

그림책 활동

읽기 전 동물과 조언 연결하며 내용 예상하기

동물들이 전하는 조언을 그림 카드와 연결 지어봅니다. 이 활동을 통해 어휘를 이미지와 함께 익힐 수 있고, 자신이 예상했던 뜻이 맞는지 확인하며 읽기에 흥미를 유지하게 도와줄 수 있습니다.

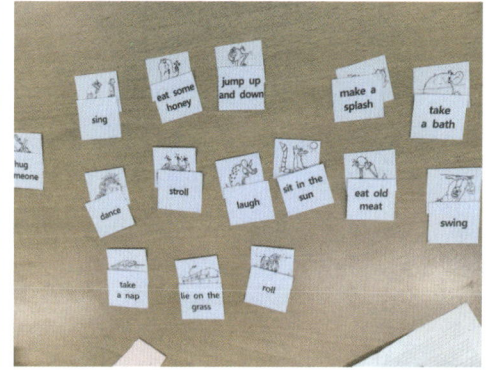

Teacher's talk

Look at the animal and phrase cards. Match them up.
동물 카드와 단어 카드를 보고 서로 짝을 지어보세요.

읽기 중 어구를 그림으로 표현하기

어휘를 명시적으로 알려주는 것도 좋지만, 책을 읽으며 자신이 이해한 대로 그림으로 나타내볼 수도 있습니다. 동물들이 조언하는 부분을 반복하여 읽으며 표현을 자신만의 이미지로 나타내봅니다. 장면과 연결하며 표현을 상기하는 과정에서 자연스럽게 어휘를 습득하고, 이미지를 통해 표현을 익히게 합니다.

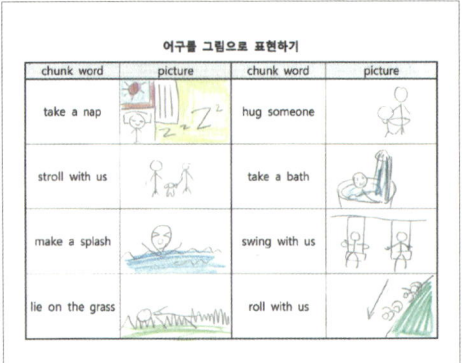
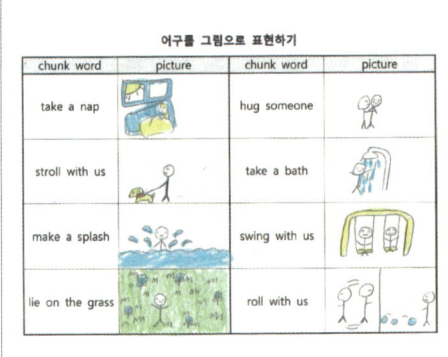

> **Teacher's talk**
>
> **Read the book and draw a picture based on your understanding.**
> 책을 읽으며 자신이 이해한 대로 그림을 그려보세요.
>
> **Look at the image, read, then practice the expression.**
> 이미지를 보며 표현을 읽고 연습하세요.

읽기 후 새로운 표현 모으기

내가 만약 주인공의 친구라면 어떤 조언을 할 수 있을지 상상해 봅니다. 친구와 아이디어를 교환하며 'you should'를 사용한 문장으로 표현합니다.

> **Teacher's talk**
>
> **What advice would you give to Jim?**
> 나라면 주인공에게 어떤 조언을 할 수 있을까요?

읽기 후 이야기 새로 만들기

그림책의 내용을 말풍선에 담아 6컷 만화로 나타냅니다. 서로의 작품을 돌려보며 should를 사용한 문장 읽기를 연습하고 표현도 확장합니다.

> **Teacher's talk**
>
> **Write your advice to Jim in a speech bubble.**
> Jim에게 할 조언을 말풍선에 담아보세요.
>
> **Share your comic strip with your friends and practice reading.**
> 친구들과 만화를 돌려보며 읽기를 연습하세요.

아이들의 한 뼘 성장

- 기분이 좋지 않은 친구에게 다양한 조언을 할 수 있게 되었다.
- 그림과 표현을 연결하니까 몰랐던 단어도 더 이해가 잘 되었다.

50
미래의 계획과 의지를 표현하기

그림책 소개 및 활용

오늘은 꼭 날고야 말겠다는 결심을 하는 돼지와 그런 친구를 말리는 코끼리의 이야기를 담은 Mo Willems(모 윌렘스)의 그림책입니다. 돼지의 의지가 담긴 문장을 통해 미래의 결심이나 할 일에 관한 표현을 배우고 나의 인생 버킷리스트를 만들어보며 미래형 표현을 익히는 수업에 활용합니다.

Today I will fly!

어휘 및 표현

I will + 동사원형.
today, fly, today, tomorrow, next, week, never, try, need, help, jump, eat, lunch

그림책 활동

읽기 전 지우개 튕기기 📥

놀이판에 적힌 표현을 읽고 말해보며 미래형 표현을 살펴봅니다. 돌아가며 바둑돌이나 지우개를 튕기고 도착하는 곳의 표현을 발화하고 점수를 얻는 놀이로, 표현을 읽으며 책의 내용을 자연스럽게 예상하게 됩니다. 시간이나 수준에 따라 표현이 적힌 놀이판을 제공하거나 빈 놀이판에 학생들이 직접 표현을 쓰고 만들어서 활동하게 할 수 있습니다.

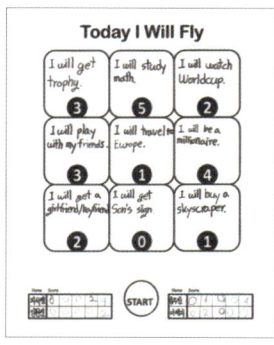

> **Teacher's talk**
>
> **Flick a go stone or an eraser.**
> 바둑돌이나 지우개를 튕기세요.
>
> **Say the sentence of where you land and get a score.**
> 도착하는 곳의 표현을 말하고 점수를 받으세요.

읽기 중 역할 나누어 낭독극하기

등장인물 셋 중 코끼리와 펠리컨을 묶어 한 사람이 읽고 돼지 역할을 또 한 사람이 맡아 두 명이 번갈아 가며 읽기를 연습합니다. 명찰 목걸이에 역할 이름을 적고 누구인지 알아볼 수 있게 하여 낭독극으로 표현할 수 있습니다. 짧고 간결한 대화체로 전개되는 이야기의 특성을 활용하여 대사를 주고받으며 재미있게 연습할 수 있게 합니다.

> **Teacher's talk**
>
> **One person will be the elephant and pelican. The other person will be the pig.**
> 한 사람이 코끼리와 펠리컨이 되고, 나머지가 돼지 역할을 맡으세요.

읽기 후 보석맵(Jewel Map)으로 모둠 버킷리스트 모으기

보석맵(Jewel Map)은 보석처럼 여러 개로 된 작은 칸에 아이디어를 기록하고 나누기 좋은 활동입니다. 모둠원 각자의 의견을 동시에 쓸 수 있을 뿐 아니라 활동지를 90도씩 돌려가며 앞 친구가 쓴 내용을 참고하거나 보완할 수 있어서 협력하여 배우기에 효과적입니다. 보석맵의 칸마다 주제에 맞는 버킷리스트를 만들면서 미래형 문장 쓰기를 연습합니다.

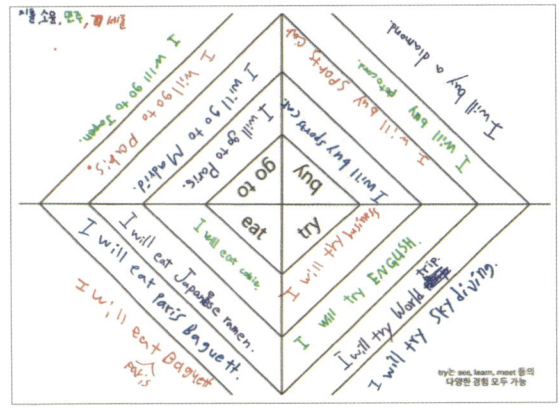

> **Teacher's talk**
>
> **Each person gets a topic from the jewel map. Write one bucket list item in the top box.**
> 보석맵의 주제를 각자 하나씩 맡아 제일 위 칸에 버킷리스트를 쓰세요.
>
> **Turn the worksheet 90 degrees and write in the second box**
> 활동지를 90도로 돌리고, 주제에 맞게 두 번째 칸에 쓰세요.
>
> **Fill the jewel map until everyone has written in each topic.**
> 각 모둠원이 각 주제에 대해 쓸 때까지 보석맵을 채우세요.

> **TIP** 모둠원마다 다른 색깔의 펜을 사용하여 누가 쓴 문장인지 구별되게 합니다. 주제별로 모둠의 최애 문장을 골라 모으면 우리 반 전체의 버킷리스트를 만들 수 있습니다.

읽기 후 나의 인생 버킷리스트(My Bucket List)

모둠 보석맵을 참고하여 각자의 버킷리스트를 만듭니다. 방학에 하고 싶은 사소한 것에서부터 살면서 이루고 싶은 거창한 계획을 포함한 나만의 버킷리스트를 만들며 미래형 문장을 내면화합니다.

Teacher's talk

Think about what you want to do in the future.
미래에 해보고 싶은 일에 대해 생각해보세요.

Make a list and read the sentences using 'I will'.
목록을 만들고 I will을 사용한 문장으로 읽어보세요.

아이들의 한 뼘 성장

- 보석맵으로 쓰기를 하니까 친구들의 생각을 볼 수 있어서 도움이 되었다.
- 이루지 못할 일이라도 노력하고 도전하는 돼지의 모습이 멋지다고 생각했다.

51
필요한 것과 할 일을 표현하기

그림책 소개 및 활용

Helen Oxenbury(헬렌 옥슨버리)의 그림책으로, 생일 케이크의 재료를 구하러 다니는 씩씩한 꼬마의 이야기입니다. 부드러운 그림체를 통해 동물 친구들의 따뜻한 마음도 느낄 수 있습니다. 필요한 재료가 하나씩 더해질 때마다 같은 패턴의 문장이 반복되며 예측이 가능한 이야기가 전개되므로 이를 활용하여 필요한 것을 구하고 가까운 미래에 할 일을 표현하는 수업으로 연결합니다.

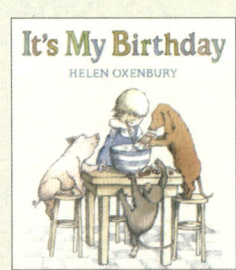

It's my birthday

어휘 및 표현

I'm going to make a + 명사.
I need some + 명사.
cake, eggs, flour, butter and milk, a pinch of salt, sugar, cherries

그림책 활동

읽기 전 케이크 재료 찾기

표지를 보고 책의 내용을 예상하게 합니다. 케이크를 만드는 내용임을 짐작한 뒤 케이크를 만들기 위해 필요한 재료 일곱 가지를 고릅니다. 모둠별로 협의하여 예상한 재료 목록 만들기, 활동지에서 재료 찾기 등으로 활동하며 어휘를 미리 살펴볼 수 있습니다. 이 활동을 통해 반복되는 이야기의 다음 장면을 쉽게 예상하며 읽기에 집중하게 됩니다.

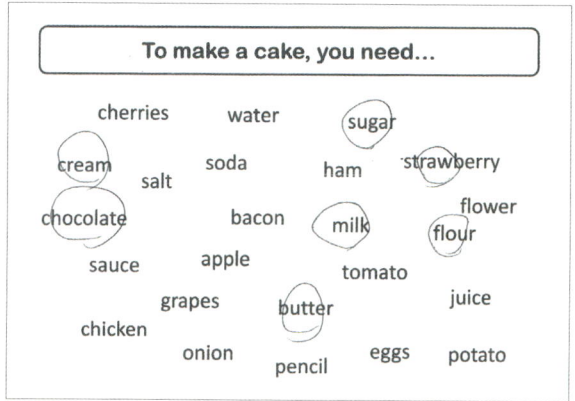

Teacher's talk

What ingredients do you need to make a cake?
케이크를 만드는 데 필요한 재료가 무엇인가요?

Find the seven ingredients on the worksheet and circle them.
케이크를 만드는 데 필요한 재료 일곱 가지를 찾아 동그라미 쳐보세요.

읽기 중·후 피쉬본(Fishbone)으로 내용 정리하기

피쉬본(Fishbone, 생선뼈) 다이어그램은 인과관계를 파악하여 문제의 해결 방법을 찾는 데 유용한 기법이지만, 핵심 아이디어를 요약하는 활동에도 활용할 수 있습니다. 이야기를 읽으며 꼬마가 구하는 재료를 찾아 피쉬본으로 정리합니다.

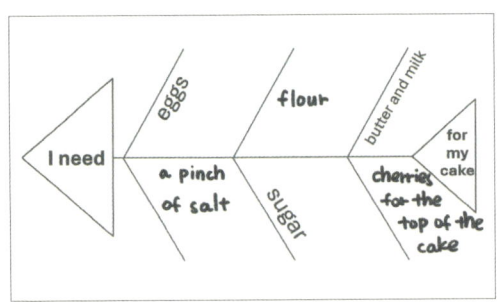

학습자의 수준에 따라 활동지의 빈칸을 채우거나, 직접 틀을 만들어 개성 있는 피쉬본 다이어그램을 표현할 수 있습니다.

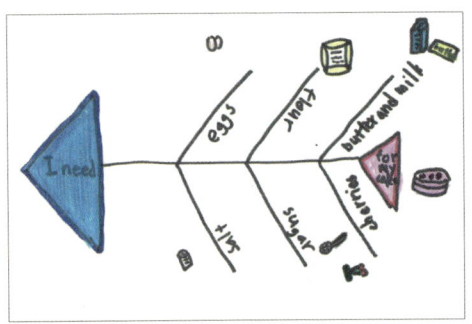
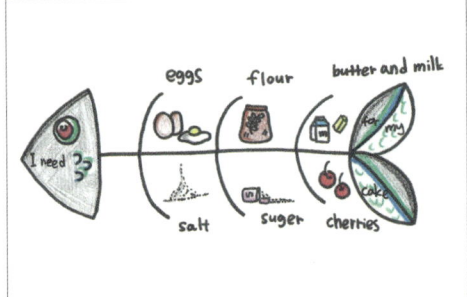

Teacher's talk

What does the boy need?
꼬마는 무엇이 필요할까요?

Use a fishbone diagram to organize the story.
피쉬본 다이어그램으로 이야기의 내용을 정리하세요.

읽기 후 아이디어 확장하기

꼬마의 생일 케이크처럼 특별한 날과 그에 어울리는 음식을 계획해봅니다. 음식을 만들기 위해 필요한 여러 재료를 생각하여 정리하면서 사용할 어휘를 자연스럽게 확장하게 합니다.

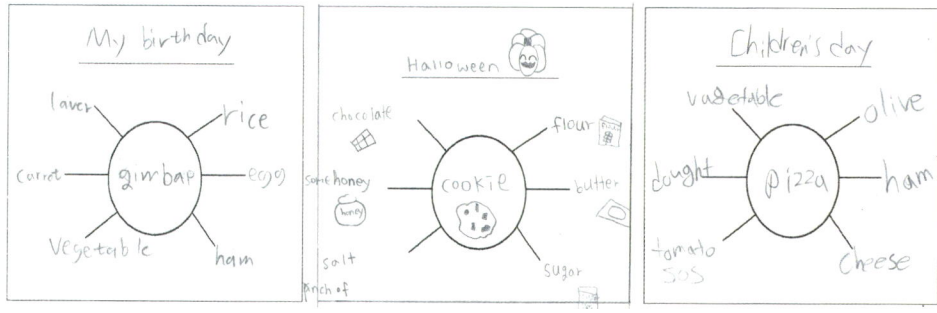

> **Teacher's talk**
>
> What are some special days like birthdays?
> 특별한 날에는 어떤 게 있을까요?
>
> Think about the food you can make that day and the ingredients you'll need.
> 그 날 만들면 좋은 음식과 재료를 생각해보세요.

읽기 후 한 장면 더하기

    음식과 재료를 표현한 마인드맵으로 새로운 이야기를 표현합니다. 서로의 마인드맵 아이디어를 공유하여 자신의 아이디어를 보충하거나 수정하면 도움이 됩니다. 재료를 한 문장으로 요약한 한 장면 더하기를 하거나, 한 번에 한 가지씩 재료를 더해가는 방식으로 이야기를 쓰고 파노라마 책을 만들 수 있습니다.

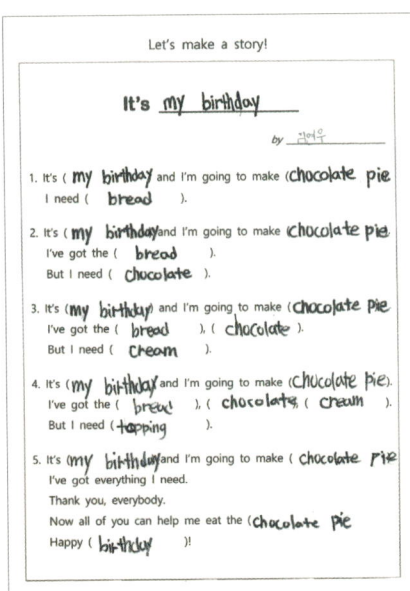

Teacher's talk

Create a new story with a day and food of your choice.
내가 생각한 날과 음식으로 새로운 이야기를 만들어보세요.

Then, turn the story into a panorama book.
만든 이야기를 파노라마 책으로도 꾸며보세요.

아이들의 한 뼘 성장

- 동물들이 재료를 아낌없이 나누어주는 모습이 착한 것 같다.
- 만들 음식과 재료를 생각해서 이야기를 새로 만드는 것이 재미있었다.

52

계획을 묻고 답하기

그림책 소개 및 활용

엉뚱하고 순수한 두 친구가 함께 밖에 나가 놀려는데 비가 오기 시작합니다. 실망도 잠시, 빗속에서 재미있게 노는 방법을 찾고 나니 또 비가 그쳐 버리고 맙니다. 오락가락하는 날씨로 인한 두 친구의 재미있고, 따뜻한 일화가 그려집니다. 놀 계획을 이야기하며 주인공이 반복하는 be going to 구문을 활용하여 가까운 미래의 계획을 묻고 답하는 수업으로 연결합니다.

Are You Ready to Play Outside?

어휘 및 표현

We are going to do everything today.
We are going to + 동사원형.
run, skip, jump, pour, hope, start, worry, plan, try, splash, still, outside, never

그림책 활동

읽기 전 밖에서 놀 계획 생각하기

표지의 제목을 보고 이야기 나눕니다. '나가서 놀 준비가 되었니?' 라는 제목을 통해 친구와 밖에서 놀 계획을 세운다면 무엇을 함께 할 수 있을지 생각하고 각자의 아이디어를 모아봅니다.

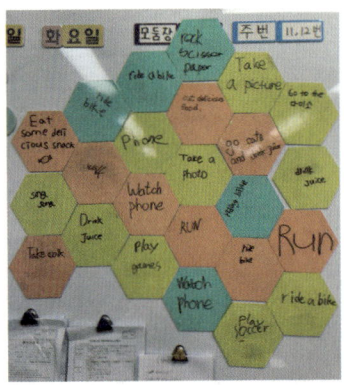 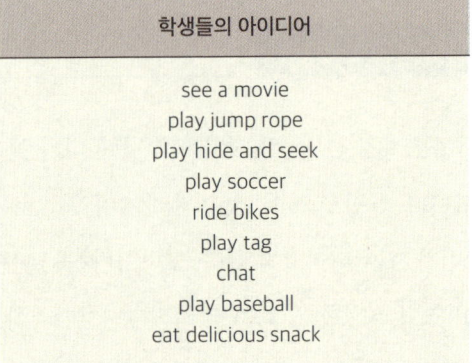

Teacher's talk

What can you do when you play outside with your friend?
친구와 밖에서 논다면 무엇을 할 수 있을까요?

읽기 중 스토리맵(Story Map) 구성하기

이야기의 구성 요소를 구조화하는 스토리맵으로 내용을 정리하며 읽습니다. 스토리맵은 책 전체를 자연스럽게 요약하는 동시에 내용을 이해하기 쉽게 도와주므로 줄거리가 뚜렷한 책에서 활용하기 좋습니다. 역할을 나누어 세부 사항을 찾을 때 찾기 쉬운 항목(등장인물, 배경)을 하위 학습자가 맡도록 유도하여 모두가 참여할 수 있게 합니다. 수준에 따라 글이나 그림으로 선택하여 표현합니다.

항목별 질문	
Title	**What** is the title of the book?
Characters	**Who** are in the story?
Setting	**When** and **where** does the story take place?
Problem	**What** is the problem?
Solution	**How** is the problem **solved**?

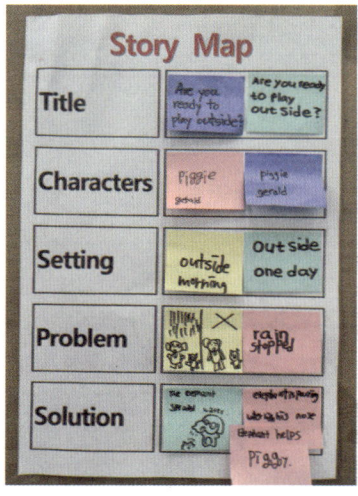 

Teacher's talk

Take roles in your group and make a story map together.
모둠에서 역할을 나누어 스토리맵을 함께 완성하세요.

읽기 후 투어 가이드 계획 짜기(Tour Guide Plan)

코끼리와 돼지를 위한 해외 패키지여행을 기획해 봅니다. 모둠 친구들과 협의하여 방문지, 먹을 것, 볼 것, 살 것 등으로 세분화하여 일정을 계획하고 기간과 비용도 고려하여 실감 나는 일정이 되게 합니다.

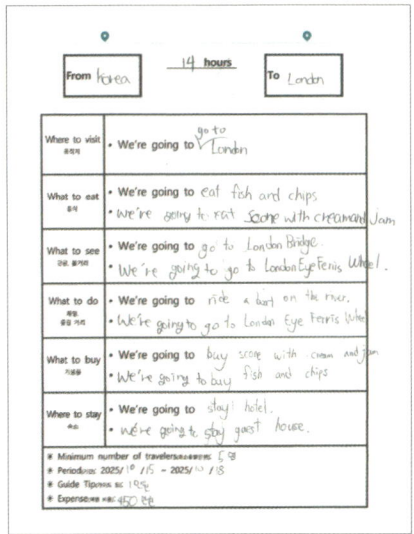
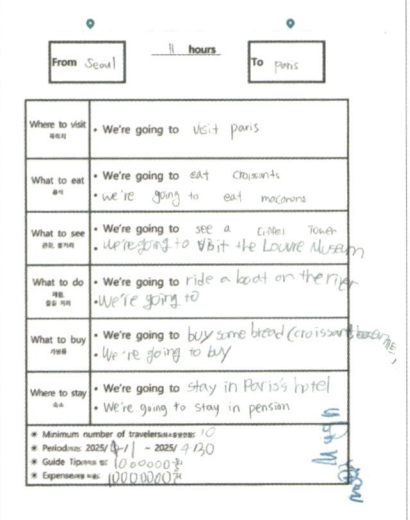

계획한 일정으로 관광 상품 홍보지를 만듭니다. 모둠별로 여행 상품을 소개하며 미래의 계획에 관한 문장을 자연스럽게 연습합니다.

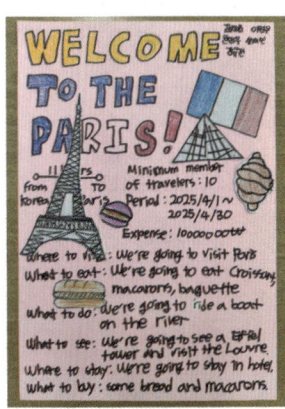

> **Teacher's talk**
>
> Plan a package tour for Elephant and Piggy, and make a poster.
> 코끼리와 돼지를 위한 패키지여행을 기획하고 포스터를 꾸며보세요.

아이들의 한 뼘 성장

- 비가 와도 재미있게 노는 코끼리와 돼지의 모습이 보기 좋았다.
- 친구들과 할 수 있는 여러 가지 일들이 많이 떠올랐다.

53

원하는 일과 이유 표현하기

그림책 소개 및 활용

자신이 개구리라는 사실을 부정하며 다른 동물들을 부러워하던 주인공이 개구리만의 장점이 있다는 걸 깨닫게 되는 이야기입니다. 말풍선으로 표현된 인물들의 대화가 유머러스하면서도 자신이 누구인지를 긍정적으로 바라보는 과정을 깊이 있게 전합니다. 아빠 개구리와 아들 개구리가 반복해서 나누는 대화 패턴을 활용하여, 원하는 일과 그 이유를 표현해보는 수업으로 연결합니다.

I Don't Want to Be a frog

어휘 및 표현

I want to be a +명사.
I don't want to be a + 명사.
What's wrong with being a + 명사?
wet, slimy, full of bugs, hop, curly tail, garbage, owl, wings, wise, badger, gobble, guess, nature, fly

그림책 활동

읽기 전 단어 묶기

동물과 특징을 설명하는 단어를 범주화하며 새로운 어휘를 익힙니다. 낱말을 읽고 분류하는 과정에서 책에 나오는 표현을 미리 살피고 내용을 예상해볼 수 있습니다.

Teacher's talk

Categorize the words according to the characteristics of animals.
동물의 특징대로 단어를 분류해 보세요.

읽기 중 단어 다시 묶기

읽기 전 분류한 단어가 맞게 되었는지 책의 내용을 확인하며 수정합니다. 이 활동을 통해 이야기를 체계적으로 정리하고 단어를 반복하여 살펴볼 수 있습니다.

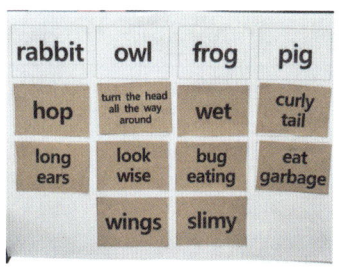

Teacher's talk

Listen to the story and categorize the words again.
이야기를 듣고 단어를 다시 분류해 보세요.

> 읽기 후   6컷 만화로 이야기 표현하기

이야기를 6컷 만화로 표현해봅니다. 네 동물이 차례로 등장한 뒤 마지막에 사냥개가 나오는 주요 장면으로 줄거리를 요약하기 좋습니다. 말풍선 안에 대사를 쓰면서 표현을 자연스럽게 상기하고 완성한 만화를 함께 읽으며 대화 문장을 연습할 수 있습니다.

Teacher's talk

Make a comic strip and share it with your friends.
이야기를 만화로 표현하고 친구들과 함께 읽어보세요.

> 읽기 후   Want to be? Don't want to be! 대화 만들기

나에게 어울리는 일에 대해 생각하고 내가 하고 싶은 일과 그렇지 않은 일에 관해 표현해봅니다. 하고 싶은 일 대신, 하고 싶지 않은 일에 대해서도 생각해 볼 수 있는 기회가 됩니다. 아빠 개구리와 아들 개구리의 대화 패턴을 활용하여, 내가 원하지 않는 일과 그 이유를 담은 대화문을 만들고 말을 주고 받습니다.

(대화1)
A: I don't want to be a _doctor_.
B: What's wrong with being a _doctor_?
A: _That's too scared_.
B: Then, what do you want to be?
A: I want to be a _youtuber_.
B: _Good idea!_

(대화2)
B: I don't want to be a _police officer_.
A: What's wrong with being a _police officer_?
B: _That's too dangerous_.
A: Then, what do you want to be?
B: I want to be a _writer_.
A: _That's a good idea_

Teacher's talk

Think about what you don't want to be and why.
여러분이 되고 싶지 않은 직업과 그 이유를 생각해보세요.

Make a dialogue and practice with your friends.
대화를 만들고 친구들과 연습하세요.

아이들의 한 뼘 성장

- 모두에게는 장점이 있다는 걸 알 수 있는 책이었다.
- 친구들이 원하는 일과 원하지 않는 일에 대해 알 수 있어서 새로웠다.

54

장래 희망과 그 일에 대해 표현하기

그림책 소개 및 활용

아이들이 되고 싶은 다양한 직업을 Melanie Walsh(멜라니 월시)의 단정한 그림체로 만날 수 있는 책입니다. 각 직업을 대표하는 일과 옷차림, 관련 도구들이 함께 묘사되어 직업 외의 다양한 어휘를 확장하기에도 효과적입니다. 되고 싶다는 소망(want to)과 더불어 될 수 있다는 의지와 가능성(can be)을 표현하는 문장을 통해 미래의 나를 그려볼 수 있게 도와줍니다. 다양한 직업을 만나며 장래 희망을 묻고 답하는 표현을 익힙니다.

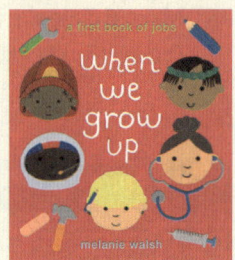

When We Grow Up

어휘 및 표현

What can we be?
What do you want to be when you grow up?
I can be a + 명사(직업).
firefighter, vet, mechanic, musician, dancer, teacher, hairdresser, doctor, nurse, footballer, builder, programmer, astronaut

그림책 활동

읽기 전 직업 단어 완성하기

알파벳 첫 글자만 있는 활동지에 단어 일부가 적힌 카드를 붙여 직업 단어를 완성합니다. 만든 표를 보며 미래에 될 수 있다고 생각하는 직업이 있는지 이야기 나눕니다.

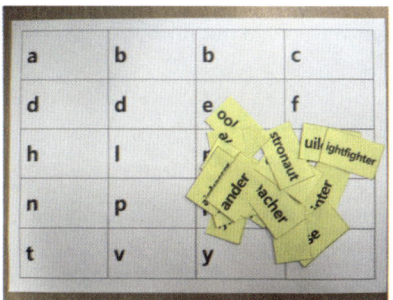 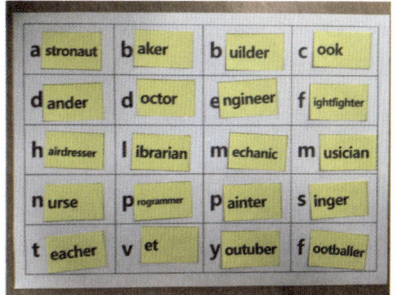

Teacher's talk

Use the cards and make the names of jobs.
카드를 활용하여 직업에 관한 단어를 완성하세요.

읽기 중 직업 맞히며 읽기

직업에 관한 문장에서 주어를 뺀 나머지를 읽거나, 각 직업에 해당하는 사물을 듣고 답을 맞히게 합니다. 직업을 맞히는 것이 익숙해지면, 자연스럽게 문장으로 표현하게 합니다.

교사	This job helps ill and hurt animals.
전체	I can be a vet
교사	water, gel, mirror, scissors, hairdryer, comb
전체	I can be a hairdresser.

읽기 중 다양성을 관찰하며 읽기

서로 다른 사람들의 모습에 집중하여 살펴봅니다. 여자 정비사, 장애인 바이올리니스트, 임신부 선생님 등을 발견하게 하여 읽는 재미를 더합니다. 인종이나 성별 등에 의한 차별 없이 누구라도 원하는 직업을 꿈꿀 수 있다는 긍정적인 메시지를 전달합니다.

> **Teacher's talk**
>
> She is a black female mechanic and he is a white male nurse.
> 흑인 여자 정비사와 백인 남자 간호사네요.
>
> She can play the violin while sitting in a wheelchair.
> 휠체어에 앉아서 바이올린을 연주하네요.
>
> What do you think when you see people who are different from each other?
> 서로 다른 사람들의 모습을 보니 어떤 생각이 드나요?

읽기 후 모둠 퀴즈 만들기

직업을 맞히면서 이야기를 읽었던 방법처럼 직업에 관한 힌트로 학생들이 직접 퀴즈를 만들 수 있습니다. 모둠별로 상의하여 직업에 관련된 힌트로 퀴즈를 제시하면 다른 모둠의 친구들이 맞히는 활동입니다. 힌트를 듣고 풀거나, 모둠 보드의 힌트를 읽고 풀 수 있습니다. 답을 말하거나 쓸 때 문장으로 답하게 하여 자연스럽게 표현을 연습합니다. 단어 1개 힌트로 퀴즈 만들기, 2개 힌트로 퀴즈 만들기 등 수준에 맞게 활동합니다.

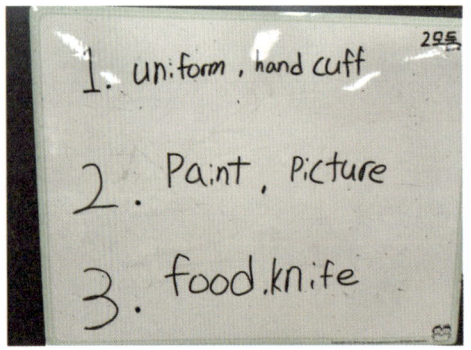 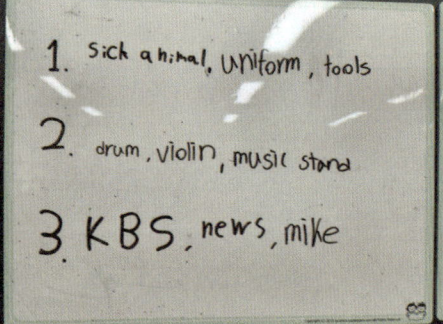

> **Teacher's talk**
>
> Choose a job and make a quiz with hints about that job.
> 직업을 정하고 그 직업에 관한 힌트로 퀴즈를 만드세요.
>
> Read your friends' hints and guess the job.
> 친구들의 힌트를 읽고 어떤 직업인지 맞혀보세요.

읽기 후 I Can Be a ...

내가 되고 싶은 직업이나 표현하고 싶은 직업을 선택하여 한 장면을 더합니다. 책의 문장 형식을 흉내 내어 표현하며 필요한 단어를 확장하고 내면화합니다.

> **Teacher's talk**
>
> Do you have any jobs you would like to do or think you can do?
> 여러분이 되고 싶거나 될 수 있다고 생각하는 직업은 무엇인가요?
>
> Write the name of that job, what they do, how they dress and tools they use.
> 직업의 이름과 하는 일, 옷차림과 도구들을 표현해 보세요.

아이들의 한 뼘 성장

- 직업 단어 완성하기 활동을 하면서 새로운 직업을 많이 알게 되었다.
- 퀴즈를 푸는 것도 좋지만 퀴즈를 만드는 것도 재미있었다.

55
음식을 추천하고 평가하기

그림책 소개 및 활용

주인공 피라냐 Brian이 친구들에게 과일과 채소를 권하지만, 육식성인 피라냐 친구들은 황당해하며 거절합니다. 끈질긴 Brian의 제안에 친구들이 결국 과일을 먹게 되고 생각을 이야기해 주는 내용의 책입니다. 음식을 먹고 맛을 표현하는 등 등장인물의 상황을 활용하여 음식을 추천하고 평가하는 수업으로 연결할 수 있습니다.

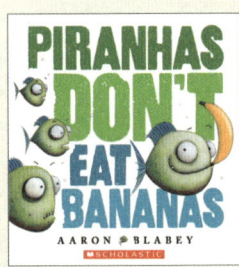

Piranhas Don't Eat Bananas

어휘 및 표현

Would you like a + 명사?
How about some + 명사?
What do you think? I think that's silly.
Is it yucky or yum? It's very nice.

그림책 활동

읽기 전 Yummy or Yucky?

피라냐들이 언급하는 음식들을 알기 쉽게 그림으로 표현하며 단어를 살펴봅니다. 해당 단어가 내가 좋아하는 것인지 아닌지 표시해 보면서 책의 내용을 짐작하고 흥미를 갖게 합니다.

Teacher's talk

Look at the words about food and draw them in a simple way.
음식에 관한 단어를 살펴보고 간단히 그려보세요.

Repeat after me and mark if you like it or not.
단어를 따라 읽으면서 여러분이 좋아하는지 좋아하지 않는지 표시해보세요.

읽기 중 라임(rhymes) 찾아 읽기

인물들이 주고받는 문장들이 라임으로 연결되어 있습니다. 주로 주인공이 추천하는 과일과 피라냐 친구들이 먹는 신체 부위가 라임을 이루므로 그 부분을 찾아보게 합니다. 라임을 이용해 질문하며 읽거나, 라임을 강조해서 재미있게 읽기를 연습할 수 있습니다.

교사	학생들	교사	학생들
Brian likes	silverbeet.	Piranhas eat	feet.
Brian likes	peas.	Piranhas eat	knees.
Brian likes	plums.	Piranhas eat	bums.

주인공의 말	피라냐 친구들의 말
Would you like a **banana**?	You're a **piranha**.
Would you rather a bowl of **peas**?	We eat **knees**.
Fruit is the **best**.	Give it a **rest**.
Is it yucky or **yum**?	We still prefer **bum**.

읽기 후 배달 앱 리뷰 작성하기

피라냐들이 과일 맛을 평가한 장면을 떠올리며 배달 앱 후기를 작성해봅니다. 주문서에 맞춰 음식을 결정하고 후기를 써보면서 음식을 평가하는 것에 대한 실제적인 표현을 탐색하고 확장합니다.

> **Teacher's talk**
>
> Leave a review or comment about the taste of the food.
> 맛에 대한 의견을 후기로 남겨보세요.

읽기 후 OREO로 피라냐에게 음식 추천하기

OREO는 Opinion(의견) → Reasons(이유나 근거) → Examples(예시나 추가 설명) → Opinion(의견 강조)의 구조로 의견을 표현하는 글쓰기 방법입니다. 피라냐에게 추천할 음식과 그 이유를 생각하여 OREO로 표현해봅니다.

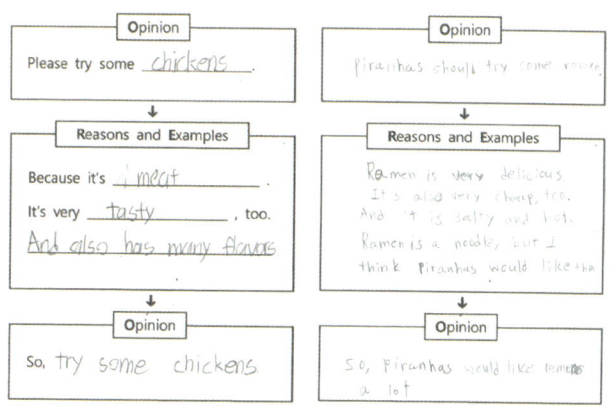

> **Teacher's talk**
>
> Help the piranhas choose their food with your reasons and examples.
> 여러분의 글을 통해 피라냐가 음식을 선택하도록 도와주세요.

아이들의 한 뼘 성장

- 피라냐가 과일을 먹는 장면이 인상적이었다.
- 배달앱 리뷰를 쓰며 음식을 평가하니 새로웠고 재미있었다.

56
누가 한 일인지 묻고 답하기

그림책 소개 및 활용

동물 친구들이 함께 탄 배가 가라앉아 버린 상황을 그린 Pamela Allen(파멜라 앨런)의 그림책입니다. 배를 침몰시킨 주범을 찾아가는 과정이 추리하듯이 그려진 이야기입니다. 예상치 못한 결말을 통해 작은 요인이라도 큰 변화로 이어질 수 있다는 교훈을 얻을 수 있습니다. 배를 가라앉힌 게 누구인지를 반복하며 묻는 상황을 활용하여 누가 한 일인지 묻고 답하는 표현을 익힙니다.

Who Sank the Boat?

어휘 및 표현

Who sank(과거형 동사) the boat?
beside, cow, donkey, sheep, pig, tiny, mouse, sank, almost, fell, tilt, such, din, balance, weight, yell, butter, step in, at the side, cause, flutter, level, knit

그림책 활동

읽기 전 제목에 대한 답 예상하기

제목을 확인한 뒤, 첫 장에 등장하는 다섯 마리의 동물 그림을 제시합니다. 등장인물을 보고 누가 배를 침몰시켰을 것 같은지 각자 예상하여 손을 들어보게 합니다. 이야기에 대한 흥미를 높이고, 읽기에 집중하게 하는 효과가 있습니다.

> **Teacher's talk**
>
> Who do you think sank the boat?
> 누가 배를 침몰시켰을 것 같나요?

읽기 중 누가 한 일인지 찾으며 읽기

이야기에 나오는 동물을 차례로 배열하고 각각의 동물에 관한 설명을 연결하며 읽습니다. 누가 한 일인지 찾으며 이야기의 흐름을 따라가게 합니다.

🐴	He stepped in at the side.
🐑	She balanced her weight.
🐄	She knew where to sit.
🐭	He almost fell in.
🐷	He was the last to get in.

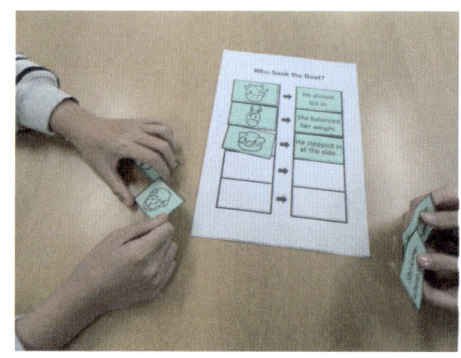 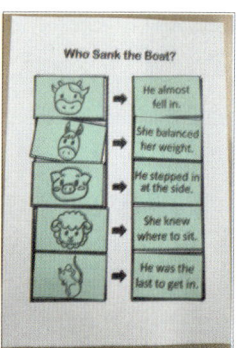

> **Teacher's talk**
>
> **Put the animals in the story in order.**
> 이야기의 동물을 차례로 배열하세요.
>
> **Connect a sentence to each animal.**
> 각 동물에 관한 설명을 연결해보세요.

읽기 중 반복되는 문장 함께 읽기

등장하는 동물이 바뀔 때마다 누가 한 일인지 묻는 핵심 표현이 나오므로 그 문장을 함께 읽습니다.

책의 장면	젖소가 배에 탄 모습
교사	No, it wasn't the cow who almost fell in.
전체	Do you know who sank the boat?
책의 장면	당나귀가 젖소와 함께 배에 탄 모습
교사	No, it wasn't the donkey who balanced her weight.
전체	Do you know who sank the boat?

읽기 중 장면 배열하기

이야기를 들으며 장면을 순서대로 배열합니다. 그림으로 장면을 배열해 보는 활동을 통해 이야기에 주의를 기울이게 할 수 있습니다. 수준에 따라 음성만 들으며 활동하거나, 책의 장면을 보며 읽고 난 뒤 다시 들으며 활동합니다.

> **Teacher's talk**
>
> **Listen to the story and put the scenes in order.**
> 이야기를 들으며 장면을 순서대로 배열해보세요.

읽기 후 단어 조각으로 문장 만들기

단어 조각으로 누가 한 일인지 묻는 문장을 만들어봅니다. 'who + 동사의 과거형'의 순으로 단어 조각을 조합하며 문장의 구조를 자연스럽게 익히게 합니다. 문장을 만들고 읽으며 어떤 동물에 대한 설명인지 반복할 수 있습니다.

 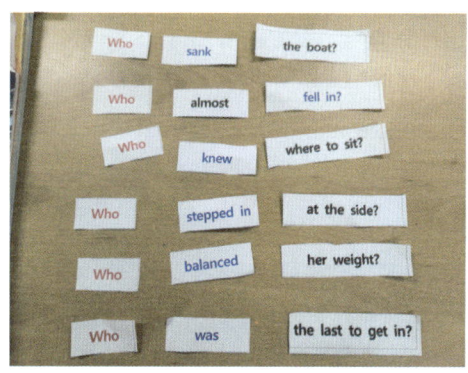

> **Teacher's talk**
>
> Make a sentence using the word pieces to ask who did it.
> 단어 조각으로 누가 한 일인지 묻는 문장을 만들어보세요.
>
> Listen to your friends' sentences and see if they make sense.
> 친구들이 만든 문장을 듣고 의미가 통하는지 생각해보세요.

읽기 후 한 장면 더하기

이야기에서 반복되는 패턴을 인용하여 나만의 아이디어로 표현을 확장해봅니다. 새로운 동물을 추가하며 창의적인 장면을 표현하도록 유도합니다.

> **Teacher's talk**
>
> Make a scene with a new animal.
> 새로운 동물을 추가하여 장면을 만들어보세요.
>
> Share your own ideas with your friends.
> 나만의 아이디어를 친구들과 나누세요.

아이들의 한 뼘 성장

- 단어 조각으로 문장을 만들면서 뜻을 확실히 알 수 있게 되었다.
- 친구들이 동물의 특징을 살려 지은 새롭게 지은 이야기가 참 재미있었다.

57

생각이나 의견을 제안하기

그림책 소개 및 활용

어린이들이 생활 속에서 실천할 수 있는 환경 보호 방법을 단정한 그림체로 알려주는 Melanie Walsh(멜라니 월시)의 그림책입니다. 구체적인 실천 문장들을 차례로 읽으며 생활 태도를 되돌아보고 환경 보호를 위한 방법을 이야기 나누기 좋습니다. 제안하는 문장을 만들고 친구들과 주고받으며 환경 보호를 위한 실천 의지를 다지는 수업에 활용합니다.

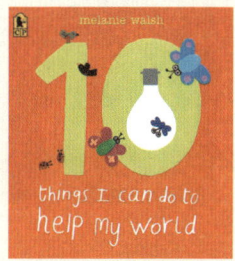

10 things I Can Do to Help My World

어휘

turn off, tap, brush my teeth, throw away, trash, feed, use, both, side, remind, parents, unplug, enjoy, around, plant, seed, grow, sort, recycling

그림책 활동

읽기 전 자석으로 표현 분류하기

환경을 위한 긍정적인 실천 내용과 부정적인 행동을 같은 색깔 카드의 짝으로 준비합니다. 내용을 읽고 자석의 양극으로 분류하여 붙여보면서 책과 관련한 어구를 미리 살피고 익힙니다.

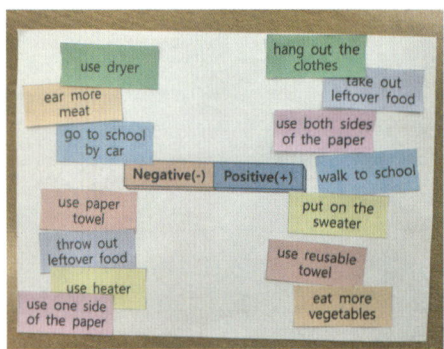 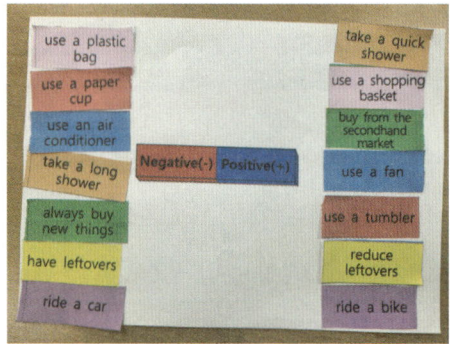

Teacher's talk

Read the cards and think about whether it is good for the Earth or not.
카드를 읽고 지구를 위한 일인지 아닌지 생각해보세요.

Paste the cards to the poles of the magnet and read them.
카드를 자석의 극에 붙이고 읽어보세요.

읽기 중 설문지로 제안하며 읽기

책 속의 문장 열 가지를 활용한 설문지를 함께 읽습니다. 나의 생활을 돌아보며 O/X로 실천 여부를 표시한 뒤, 친구와 결과를 비교합니다. 친구들을 만나 제안하는 말을 주고받고 서로의 서명을 받으며 다짐을 확인합니다.

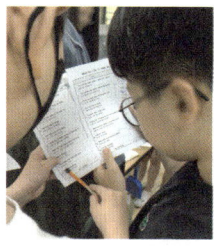
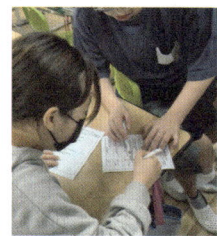

나(제안하기)	친구(다짐하기)
How about sorting the recycling? How about turning off the light? How about unplugging the TV? How about walking to school?	Okay. Sounds great. Good idea. I will.

Teacher's talk

Read the ten sentences in the questionnaire.
설문지의 10가지 문장을 읽어보세요.

Mark your attitude and suggest it to your friend.
자신의 생활 태도를 표시하고 친구에게 제안해보세요.

읽기 후 지구 블라인드 만들기

　지구 모양의 블라인드에 환경을 위한 제안을 표현해봅니다. 책의 표현을 활용하거나 나만의 문장을 떠올려 여섯 가지 목록으로 나타낼 수 있습니다. How about으로 시작하는 문장으로 표현을 바꾸며 제안하는 말을 연습합니다.

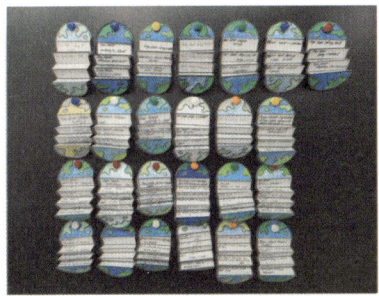  

> **Teacher's talk**
>
> Write suggestions for the environment on the Earth-shaped blinds and introduce them to your friends.
> 환경을 위한 제안을 지구 블라인드에 쓰고 친구들에게 소개하세요.

읽기 후 그린 라이터(Green Writer) 되기

지구 블라인드의 문장을 활용하여, 환경 보호를 제안하는 편지를 씁니다. 자신이 고른 문장으로 편지를 쓰고 전달하는 활동을 통해 표현을 내면화할 수 있습니다.

```
Dear. 박지민
Hello. It's me, your friend.
I'll tell you three things you can do to help our world.
First, how about turning off the TV when you leave home
Second, how about sorting the trash                     ?
Last, how about using both sides of the paper           ?
We can do it together! I will try, too.
Best regards.
                                From. 임가은
```

> **Teacher's talk**
>
> Write a letter to your friend suggesting ways to protect the environment.
> 친구에게 환경 보호를 제안하는 편지를 써보세요.

아이들의 한 뼘 성장

- 표현을 읽으면서 자석으로 분류하니 구별이 잘 되었다.
- 지구 블라인드에 쓴 표현을 실천하기 위해 노력해야겠다.

58
빈도수를 묻고 답하기

그림책 소개 및 활용

집안일을 분담하지 않는 가족이 변화하는 과정을 그린 Anthony Browne(앤서니 브라운)의 그림책입니다. 글밥이 적은 편은 아니지만, 번역서인 '돼지책'의 내용을 아이들이 많이 알고 있어서 거부감 없이 읽을 수 있다는 장점이 있습니다. 집안일을 하지 않는 아빠와 아이들의 모습에 착안하여 평소 집안일을 얼마나 자주 하는지에 대한 태도를 점검하며 실생활로 연결해보는 수업으로 활용합니다.

Piggy Book

어휘

important, washed the dishes, clothes, make the beds, vacuum the carpets, meal, do the ironing, greet, envelope, horrible, look after, pigsty, grumpy, scrap, stay, help with the cooking, fix

그림책 활동

읽기 전 VTS 질문으로 표지 살펴보기

VTS(Visual Thinking Strategies, 시각적 사고 전략)는 이미지 읽기를 통해 의견을 표현하고 생각을 키우도록 고안된 기법입니다. 그림의 의미를 생각하는 과정에서 이야기를 능동적으로 만들어가며 읽기에 대한 흥미를 높일 수 있습니다. 표지를 보고 '무슨 일이 일어나는지, 무엇을 보고 그렇게 생각했는지, 무엇을 더 찾을 수 있는지'의 3단계 질문을 통해 책에서 표현하고자 한 것이 무엇인지 생각하게 합니다.

단계	질문	예상 대답
1단계	What is going on in this picture? 그림에서 무슨 일이 일어나고 있나요?	엄마가 가족들을 업고 있어요.
2단계	What do you see that makes you say that? 무엇을 보고 그렇게 생각했나요?	아빠와 두 아들이 모두 엄마 등에 업혀있어서요.
3단계	What more can we find? 무엇을 더 찾을 수 있나요?	엄마만 표정이 어둡고, 아빠와 아이들은 웃고 있어요.

읽기 전 우리 가족의 집안일 빈도 확인하기

여러 가지 집안일을 누가 하는지 떠올리고 집안일에 대한 표현을 살펴봅니다. 내가 가족의 일에 얼마나 관심을 가지고 참여하는지 되돌아보며 책에 흥미를 갖게 합니다.

Teacher's talk

Who usually does the housework in your family?
가족 중에 주로 누가 집안일을 하나요?

읽기 중 집안일에 관한 표현 찾으며 읽기

이야기에 등장하는 집안일을 메모하거나 그림으로 표현하며 읽습니다. 주의를 기울여야 할 부분을 미리 제시함으로써 적극적인 읽기를 유도할 수 있습니다.

집안일에 관한 표현들	
make the beds vacuum all the carpets wash the dishes wash the clothes	do the ironing make their meal make their breakfast help with the cooking

Teacher's talk

What kind of housework did you hear from the story?
이야기에서 집안일에 관한 어떤 표현을 찾았나요?

읽기 후 자기 평가지 만들기

이야기의 표현에서 확장하여 집안일에 관한 다양한 표현을 모둠별로 조사합니다. 찾은 표현을 발표하여 전체와 공유하고 새로운 표현을 익힙니다.

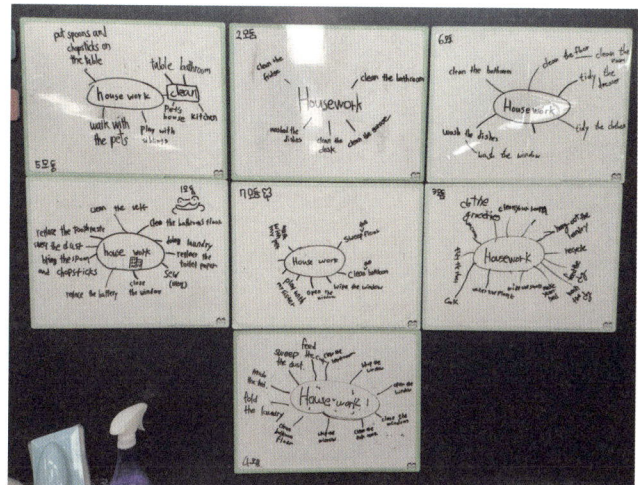

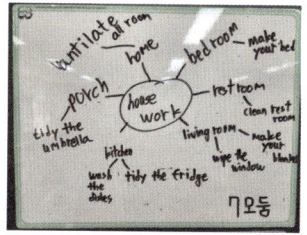

함께 살펴본 내용 중 마음에 드는 것으로 항목에 맞는 표현을 한 가지씩 골라 평가지를 채웁니다. 만든 평가지에 스스로 답해보며 빈도수에 관한 문장을 읽고 연습합니다.

항목	문항 예시
trash(쓰레기)	How often do you throw trash away?
eating(식사)	How often do you set the table?
cleaning(청소)	How often do you vacuum?
tidying(정리)	How often do you make your bed?
laundry(빨래)	How often do you hang out the laundry?
pet·plant(반려 동식물)	How often do you water the plant?

평가 결과를 항목별로 표시한 육각형 그래프로 나타내고 강점과 약점을 분석하여 생활 태도를 점검합니다.

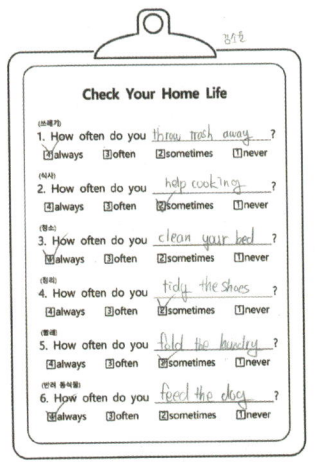
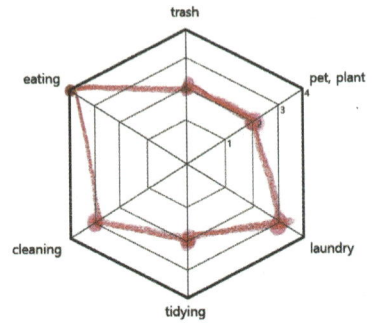

> **Teacher's talk**
>
> **Make a questionnaire with expressions about housework.**
> 집안일에 관한 표현으로 평가지를 만드세요.
>
> **Complete a hexagonal graph and reflect on your daily life.**
> 결과를 육각형 그래프로 표시하고 자신의 생활을 반성합니다.

아이들의 한 뼘 성장

- 어릴 때 읽었던 돼지책을 영어 시간에 다시 만나서 반가웠다.
- 집안일에 대한 표현을 많이 알게 되었고 집안일을 더 많이 해야겠다고 생각했다.

59

초대하고 이에 답하기

그림책 소개 및 활용

우연히 마주친 거위를 집으로 초대하는 여우의 속임수를 상황극 형식으로 표현한 Mo Willems(모 윌렘스)의 그림책입니다. 작가의 재치 있는 발상으로 반전의 결말이 그려지므로 끝까지 재미있게 읽을 수 있습니다. 글과 그림이 서로 다른 페이지로 분리되어 인물의 대사가 쉽게 전달되므로 가독성이 좋습니다. '~ 하실래요?' 라고 정중히 의사를 묻는 상황과 표현이 계속 반복되므로 이를 활용하여 초대하고 답하는 말을 익히는 수업으로 연결합니다.

That Is Not a Good Idea!

어휘 및 표현

Would you care to + 동사원형?
Sure. Sounds fun. / I would love to! / Certainly.
stroll, continue, woods, visit, nearby, boil ingredient, missing

그림책 활동

읽기 전 표지에 말풍선 달기

표지를 보고 내용을 추측합니다. 대부분은 여우가 거위를 속인다고 예상하므로 이와 관련된 대사와 속마음을 말풍선에 적게 합니다. 반전의 결말을 통해 이야기를 끝까지 즐기며 읽을 수 있습니다.

Teacher's talk

Are the character's words and thoughts the same?
인물의 말과 속마음이 같을까요?

What do you think they're talking about?
인물들이 어떤 이야기를 나누고 있는 것 같나요?

읽기 중 정리하며 결말 예상하기

주요 장면으로 간추린 이야기에 대사를 채웁니다. 이야기를 읽으며 흐름을 정리하다가 'A key ingredient is missing.' 까지만 읽은 뒤, 결말을 예상하는 활동을 합니다. 창의적으로 만든 이야기를 친구들과 공유하면 결말에 대한 기대감을 높이고 책의 반전을 더 재미있게 즐길 수 있습니다.

결말 예시

> **Teacher's talk**
>
> **Read the story and fill in the blanks.**
> 이야기를 읽으며 인물의 대사를 채워보세요.
>
> **Guess what happens next and draw simple pictures.**
> 다음에 무슨 일이 생길지 예상하여 간단히 그림으로 표현하세요.

읽기 중 대사 배열하여 읽기

긴장감이 점점 고조되는 이야기의 흐름을 활용하여 대사의 순서를 배열하는 활동을 할 수 있습니다. 인물이 주고받는 대사 속에서 조금씩 구체화 되는 초대의 표현이 문장의 순서를 찾는 좋은 힌트가 됩니다. 순서대로 문장을 배열하여 이야기를 완성한 뒤 역할을 나누어 읽기를 연습합니다.

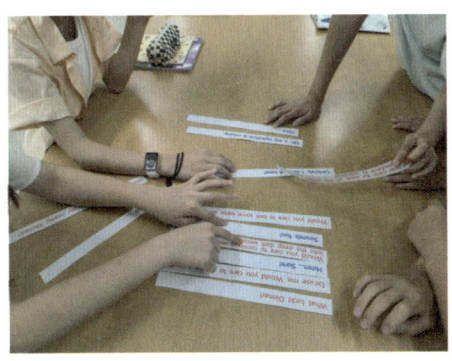

> **Teacher's talk**
>
> **Place the fox and goose's dialogue in order.**
> 여우와 거위의 대화를 순서대로 배열하세요.
>
> **Set up the roles and practice reading.**
> 역할을 정하여 읽기를 연습하세요.

읽기 후 초대나 제안하는 문장 만들기

여우를 흉내 낸 다른 초대나 제안을 생각하고, 어린 거위들이 찬성할 것 같은 내용과 반대할 것 같은 내용으로 구분 지어 표현해봅니다. 한 장면으로 나타내거나 말풍선을 채우며 다양한 문장을 만들어보는 연습을 할 수 있습니다.

> **Teacher's talk**
>
> Can you make invitations or suggestions to your friends?
> 친구들에게 초대나 제안을 할 수 있나요?

아이들의 한 뼘 성장

- 예상하지 못했던 결말이라서 재미있는 책이었다.
- 새끼 거위들이 경고했던 내용을 뒤늦게 알게 되어 충격적이었다.

60
의견을 묻고 답하기

그림책 소개 및 활용

더 많은 버섯을 차지하기 위한 곰과 족제비의 말다툼에 관한 이야기입니다. 의견을 굽히지 않는 두 주인공의 모습을 통해 갈등의 경험을 떠올리고 타인의 입장이 되어 생각해보는 기회를 얻을 수 있습니다. 이야기의 상황을 활용하여 의견을 묻고 답하는 표현을 익히며, 갈등의 해결을 위해 양보와 배려가 필요함을 함께 배웁니다.

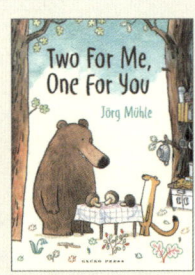

Two For Me,
One For You

어휘

mushroom, bear, weasel, wipe, sear, season, simmer, fair, agree, because, brought, recipe, grumble, unfair swipe

그림책 활동

읽기 전 경험 떠올리기

친구와 의견이 달라 기분이 상했거나 다툰 경험이 있는지 떠올려보고 공유합니다. 긍정적으로 해결된 경우라면, 서로 다른 의견을 어떻게 조율하였는지 이야기를 나누게 합니다. 갈등의 경험을 떠올리며 자연스럽게 책의 내용을 예상하고 읽기를 준비합니다.

> **Teacher's talk**
>
> What should we do when we have different ideas?
> 친구와 의견이 다를 때는 어떻게 하면 좋을까요?

읽기 중 결말 예상하기

여우가 등장하기 직전에 결말을 예상하게 합니다. 원래의 결말대로 예상하는 아이들이 있다면, 더 창의적이고 재미있는 아이디어를 만들어보도록 격려합니다.

The bear ate three mushrooms and ran away from the weasel.	Cut the last mushroom half. And share it.	The bear and weasel called their father and the weasel father won and ate two mushrooms.

> **Teacher's talk**
>
> Who do you think will take two mushrooms?
> 누가 버섯을 2개 차지할 것 같나요?

읽기 후 피라미드 토론하기

　단계적 협의를 거쳐 하나의 최종 의견을 남기는 피라미드 토론을 활용하여 주인공들의 갈등에 대한 해결책을 찾습니다. 4명의 모둠에서 2명씩 짝이 되어 하나의 의견을 결정한 뒤, 정해진 의견을 가지고 다시 2:2로 협의합니다. 이 과정에서 타당한 의견도 좋지만, 자신이 아는 단어를 활용하여 쉽고 재미있는 근거를 표현해 볼 수 있도록 격려하면 좋습니다. 모둠 토론이 끝나면 각 모둠에서 선정된 의견을 전체와 공유하며 서로의 생각을 살핍니다.

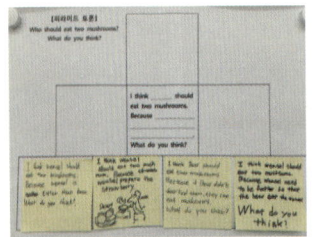

각자의 의견으로
짝과 1:1 토론하기

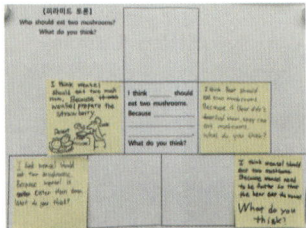

한 단계 위의 의견으로
2:2 토론하기

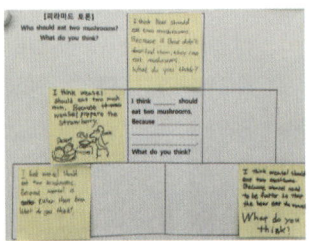

모둠 최종 의견 선정하기

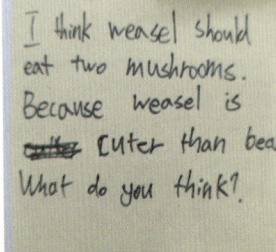

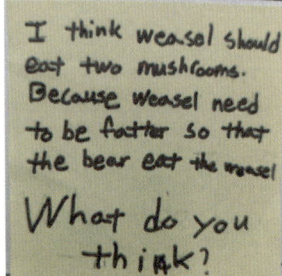

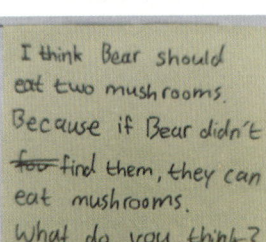

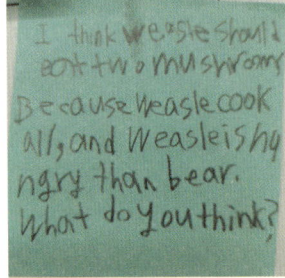

피라미드 토론 의견

> **Teacher's talk**
>
> **Who should have two mushrooms?**
> 둘 중 누가 버섯을 두 개 먹어야 할까요?
>
> **Decide on your group's opinion using the pyramid debate.**
> 피라미드 토론으로 모둠의 의견을 결정해보세요.

읽기 후 한 문장 표어 짓기

주인공들에게 필요한 조언을 한 문장 표어로 나타냅니다. 갈등을 지혜롭게 해결하기 위해서는 의견을 내세우는 것도 중요하지만, 양보와 이해가 필요함을 배울 수 있습니다.

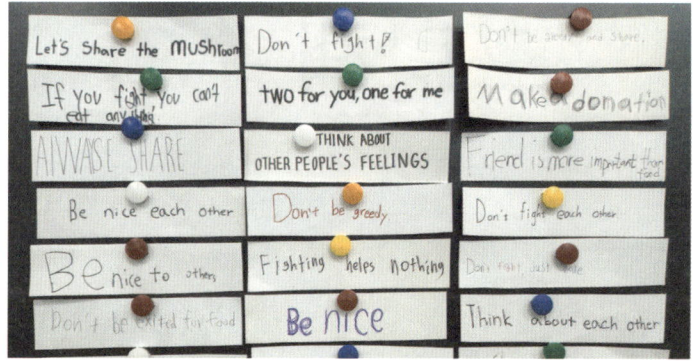

> **Teacher's talk**
>
> **Do you want to say something to Bear and Weasel?**
> 곰과 족제비에게 어떤 말을 해주고 싶나요?

아이들의 한 뼘 성장

- 토론으로 의견을 나누니 친구들의 생각을 들을 수 있어서 좋았다.
- 곰과 족제비에게 욕심부리지 말고 서로 양보하라고 말해주고 싶다.

4장

읽기에 날개 달기!
주제 중심
그림책 수업

61

대화와 소통

그림책 소개 및 활용

가족 간의 무관심을 재치 있는 이야기로 표현한 David Mckee (데이비드 맥키)의 그림책입니다. 단순하고 쉬운 내용으로 서로에게 무관심한 가족의 모습을 풍자하며, 표현이 짧아 부담 없이 읽을 수 있습니다. 소통이 필요한 가족의 모습을 떠올리며 함께 이야기 나누기 좋은 책으로 인물의 대사를 새로 만들어보는 활동을 통해 소통의 가치를 느끼고 내면화하는 수업으로 구성합니다.

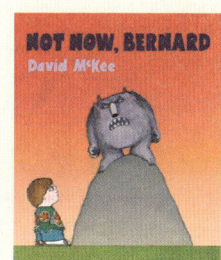

Not Now, Bernard

어휘

not now, in, into, monster, garden, ate, indoors, behind, dinner, ready, in front of, watch, comics, broke, went

그림책 활동

읽기 전 인물의 대사 예상하기

그림책의 일부 장면을 보고, 인물의 대사를 한 문장으로 예상해 봅니다. 장면을 자세히 들여다보고 대사를 떠올리게 함으로써 책을 읽을 때 인물들의 대화에 초점을 맞추게 할 수 있습니다. 순서를 먼저 배열한 뒤 대사를 예상하는 활동을 해도 좋습니다.

Teacher's talk

Look at the scene and predict what each character would say.
장면을 보고 각 인물의 대사를 예상해 보세요.

읽기 중·후 등장인물 파악하며 읽기

태도나 감정 등에 관한 단어 중에서 각 등장인물을 묘사하는 단어를 찾으며 읽으면 이야기에 더 집중할 수 있습니다. 왜 그렇게 생각했는지 이유를 생각하며, 주인공의 가족에게 필요한 가치가 무엇인지 자연스럽게 이해하도록 유도합니다.

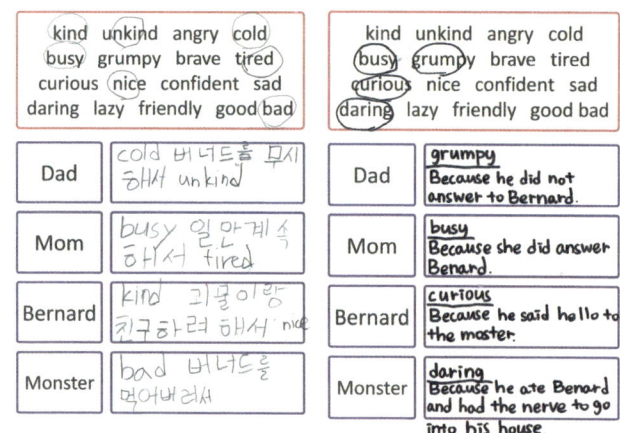

Teacher's talk

Find the word that describes each character.
각 등장인물을 묘사하는 단어를 찾아보세요.

읽기 후   ORID 질문으로 내용 이해하기

ORID(Objective−Reflective−Interpretive−Decisional) 전략을 활용하여 이야기를 깊이 있게 이해하고 관점을 넓히도록 유도할 수 있습니다.

단계	단계별 질문 예시
Objective 인식 질문	What happened in the story? 무슨 일이 일어났나요?
Reflective 느낌 질문	How did you feel about Bernard's family? 버나드의 가족에 대해 어떤 느낌이 들었나요?
Interpretive 판단 질문	What can we learn from the story? 이야기에서 무엇을 배울 수 있나요?
Decisional 결정 질문	How should we help Bernard's family? 버나드의 가족을 어떻게 도와줄 수 있을까요?

읽기 후 대화하는 가족 만들기

ORID의 마지막 질문과 연결하여 등장인물의 대사를 만들어보는 활동을 할 수 있습니다. 각 장면에 어울리는 문장(독백 또는 대화)을 추가하여 소통하는 가족의 모습으로 바꿔 봅니다.

Teacher's talk

What can they say in each scene?
각 장면에서 인물들이 뭐라고 하면 좋을까요?

Make a family that communicates well.
대화가 넘치는 가족으로 만들어주세요.

아이들의 한 뼘 성장

- 가족들에게 관심 받지 못하는 버나드가 불쌍했다.
- 결말이 너무 황당하지만 곰곰이 생각하게 하는 책이라는 생각이 들었다.

62
우정

그림책 소개 및 활용

사람과 의사소통할 수 있는 특별한 고릴라의 이야기를 담은 Anthony Browne(앤서니 브라운)의 그림책입니다. 원하는 모든 걸 가졌지만 친구가 없어 외로운 고릴라에게 사육사들이 고양이 Beauty를 선물합니다. 고릴라와 고양이가 친구가 되어가는 모습을 통해 관계에 대해 되돌아보고 우정에 대해 생각해 볼 수 있습니다. 이야기의 전개에 따라 다양한 질문을 만들고 주인공의 마음을 확인하며 우정의 가치를 배우는 수업으로 활용합니다.

Little Beauty

어휘

use, sign, language, everything, need, keeper, night, watch, movie, upset, rush, take, away, another, laugh

그림책 활동

읽기 전 단어 구름(Word Cloud)으로 내용 예상하기

책에 나오는 단어들의 조합으로 만들어진 단어 구름으로 내용을 예상하는 활동을 해봅니다. 단어 구름 생성 프로그램을 이용하여 이야기 속의 어휘들을 흩어진 어휘 이미지로 만들어 보여주고, 책을 읽기 전에 내용을 상상하게 합니다. 이야기 예상하기를 통해 능동적인 읽기가 되게 합니다.

(출처: jasondavies.com/wordcloud)

(출처: worditout.com/word-cloud)

What do you think it's going to be about?	
미녀가 고릴라를 지키다가 친구가 되어 함께 TV를 봤다.	미녀가 친구와 함께 영화를 보는데 고릴라가 나왔다.

> **TIP** 내용을 예상한 후에는 고릴라와 고양이의 실화를 바탕으로 한 이야기라는 점을 안내하여 흥미를 높여줍니다.

읽기 중 결말 상상하며 읽기

고릴라가 TV를 부수는 장면에서 멈추고, 결말을 한 문장으로 예상하게 합니다. 각자의 상상을 친구들과 공유한 뒤 이야기를 마저 읽습니다. 결말 예상하기를 통해 능동적인 참여를 유도하고 더 재미있는 읽기가 되게 합니다.

What do you think the end of the story will be?	
They ran away from zoo. Gorilla hid Beauty in his mouth.	Gorilla and Beauty said goodbye. Gorilla and Beauty cried.

읽기 후   주인공 마음 읽기

가상의 인물과 만나 대화하는 토론기법인 핫시팅(Hot-sitting)으로 주인공의 마음을 알아봅니다. 모둠별로 협의하여 고릴라에게 궁금한 내용을 생각한 뒤 순서대로 돌아가며 질문을 합니다. 주인공을 두 명으로 하면 두 가지의 다른 생각을 듣는 재미도 있고 서로 도와가며 대답할 수 있다는 장점이 있습니다. 전체 활동 후에는 모둠 핫시팅을 진행하여 골고루 고릴라가 되어보는 기회를 얻게 합니다.

전체 핫시팅

모둠 핫시팅

핫시팅 질문 예시	
Where are you from? What's your favorite food? How old are you?	Why do you like Beauty? Who broke the television? Who taught you sign language?

Teacher's talk

Make some questions for the gorillas in the group and ask them.
모둠별로 고릴라에게 궁금한 내용을 생각하여 질문해보세요.

읽기 후 책 제목 새로 짓기

책의 내용과 메시지를 생각하며 제목을 다시 지어봅니다. 단어, 문장, 질문 등 다양한 형태의 제목을 떠올리게 유도하고 아이디어를 구체화하도록 도와줍니다.

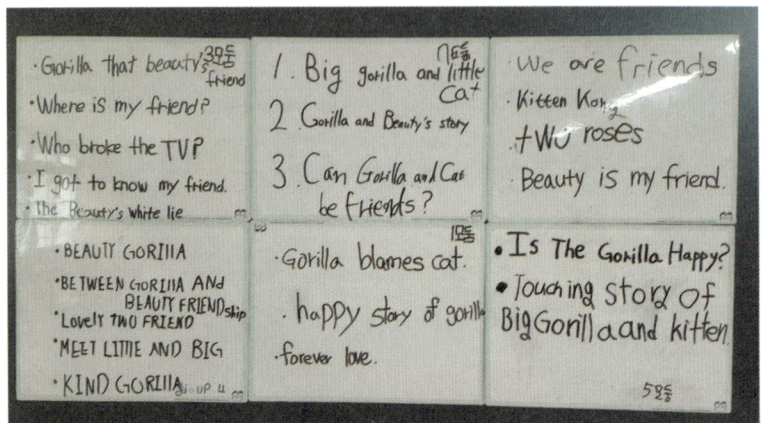

Teacher's talk

Create new titles for the story using words, sentences or questions.
단어나 문장 또는 질문 형식으로 제목을 다양하게 만들어보세요.

아이들의 한 뼘 성장

- 결말을 상상했는데 아무도 맞히지 못한 것이 당황스럽다.
- 실제 있었던 이야기라고 하니 신기하고 한번 찾아보고 싶다.

63

명화 감상

그림책 소개 및 활용

화가들의 눈으로 바라본 평범한 것들에 관해 쉬운 문장으로 알려줍니다. 문장을 읽으며 명화를 함께 감상할 수 있는 그림책입니다. 나와 다른 시선으로 사물을 보는 누군가를 이해하고 서로 다른 생각과 관점을 받아들이는 계기가 되어줄 수 있습니다. 그림 속의 어휘와 반복되는 패턴을 익히고, 창의적인 눈으로 자신만의 세상을 볼 수 있는 눈을 키우는 수업으로 활용합니다.

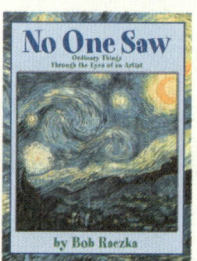

No One Saw

어휘

No one saw + 명사(사물) + like + 사람.
saw, like, flowers, trains, mothers, Sunday, stars, people, squares, apples, music, soup, hay, fish, dancer, children, field, farm, cities, artist, express, point, view, world

그림책 활동

읽기 전 화가와 작품 탐색하기

명화를 몇 가지 보며 누가 그렸는지, 무엇을 표현하였는지 묻고 답합니다. 그림을 자세히 관찰하면서 표현된 사물이나 대상의 이름을 영어로 탐색하는 기회가 되게 합니다.

화가	작품	표현한 사물, 대상
반고흐	해바라기	sunflower
피카소	우는 여인	woman
다빈치	모나리자	woman
뭉크	절규	screaming, bridge

> **Teacher's talk**
>
> **What do you think the artist drew in the picture?**
> 화가가 그림에서 무엇을 표현한 것 같나요?

읽기 중 단어 맞히며 읽기

반복되는 문장인 'No one saw a (사물) like (화가).'에서 표현한 사물을 가리고 추측하며 문장을 읽습니다. 단어를 맞히는 활동을 통해 작품에 집중하여 감상할 수 있어 좋습니다.

> **Teacher's talk**
>
> **What word can go in the blank?**
> 빈칸에 어떤 단어가 올 수 있을까요?

읽기 중 단어 바꾸어 문장 읽기

원래 문장 외의 다른 사물을 그림에서 찾아보고 새로운 문장을 만들어 읽을 수 있습니다. 교사가 먼저 원문을 읽고, 문장을 바꿀 수 있도록 그림을 탐색할 시간을 준 뒤 바꾼 문장을 함께 읽습니다.

> **Teacher's talk**
>
> What else can you see in Gogh's artwork?
> 고흐의 작품에서 다른 무엇이 보이나요?
>
> Can we replace the word with 'mountains' and read the sentence?
> 문장에 mountains를 넣어 읽어볼까요?
>
> 'No one saw mountains like Vincent van Gogh.'
> '누구도 반 고흐처럼 산을 본 사람은 없었어요.'

읽기 후 작품 제목 짓기

책 속의 작품 중 하나를 골라 모둠별로 새로운 제목을 지어봅니다. 친구들이 지은 제목을 둘러보고, 작품을 가장 잘 표현했거나 창의적인 것을 골라 투표를 하는 것도 좋습니다.

The Starry Night(고흐)

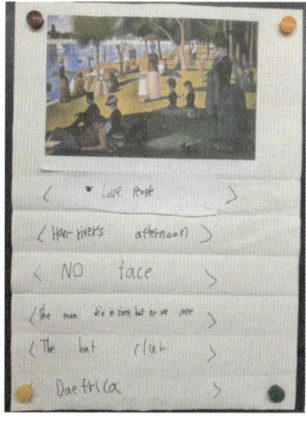
A Sunday Afternoon on the Island of La Grande Jatte(쇠라)

The Basket of Apples(세잔)

Green Violinist(샤갈)　　　　　　　　The Star(드가)

> **TIP** 활동 후 결과물을 교실에 전시하여 미술관처럼 꾸미고 자연스럽게 그림과 제목을 살펴보게 합니다.

Teacher's talk

Choose one of the works in the book and make a new title.
책에 나오는 작품 중 한 가지를 골라 새로운 제목을 만들어보세요.

Which title do you like the most?
어떤 제목이 가장 마음에 드나요?

읽기 후 우리나라 명화 감상하기

서양화 위주의 책에서 확장하여, 한국 화가들의 작품으로 문장을 만듭니다. 모둠별로 화가와 작품을 찾아 정하고, 표현한 대상을 패턴 문장으로 만들어 패들렛으로 공유합니다.

화가	사물	만든 문장 예시
신사임당	수박	No one saw watermelons like Shin Saimdang.
김홍도	학교	No one saw the school like Gim Hongdo.
이중섭	황소	No one saw the ox like Yi Jungseop.
신윤복	미인	No one saw the beauty like Shin Yunbok.
…	…	…

Teacher's talk

Choose a Korean artist and look at their artworks.
우리나라 화가와 작품을 찾아보세요.

Find the objects in the picture and make sentences with the same pattern.
그림 안의 사물을 살펴보고 같은 패턴으로 문장을 만드세요.

아이들의 한 뼘 성장

- 작품의 제목을 짓는 게 어려웠는데 하다 보니 실력이 느는 것 같다.
- 새로운 작품을 찾아 문장을 만들어보는 활동이 재미있고 새로웠다.

64

고유성과 친절

도서 영상

그림책 소개 및 활용

영화로도 만들어진 소설책 'Wonder'의 그림책 버전으로, 안면 장애가 있는 주인공이 세상과 소통하며 사람들의 편견을 이겨낸다는 내용을 담은 이야기입니다. 책의 키워드인 wonder, kind를 바탕으로 다름을 바라보는 우리의 시선을 되돌아보고, 친절함의 가치에 대해 고민하는 수업으로 구성합니다.

We're All Wonders

어휘

ordinary, unique, wonder, agree, different, stare, laugh, mean, behind, hurt, happen, helmet, far, enough, maybe

그림책 활동

읽기 전 WONDER-ful moments 찾기

자신이 wonder(기적)이냐고 물으면 선뜻 고개를 끄덕이는 아이들은 많지 않습니다. 하지만 스스로가 'WONDER-ful'이라 느꼈던 순간이 있냐는 질문에는 대부분이 긍정의 반응을 보입니다. 이 질문을 통해 wonderful인 우리 자신이 기적이라는 사실을 깨닫도록 연결할 수 있습니다. 나, 타인, 모두가 소중한 존재임을 알고 느끼는 기회가 되도록 유도합니다.

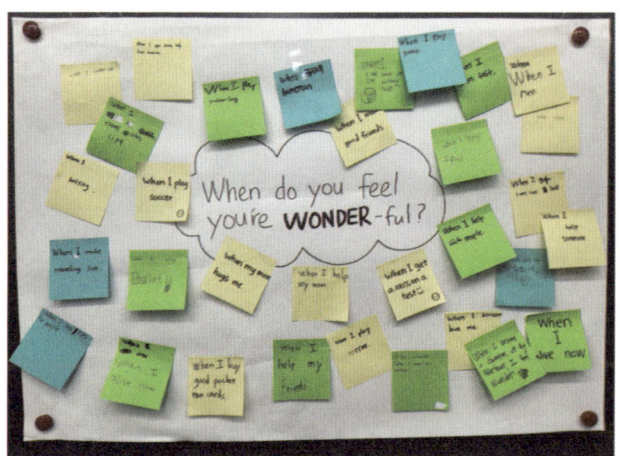
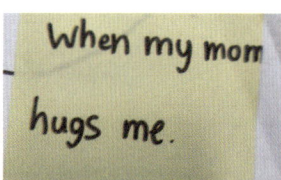
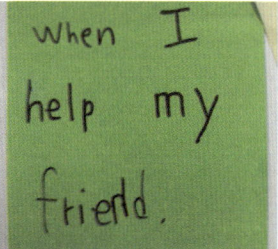

Teacher's talk

Have you ever had a moment when you felt you were 'wonderful'?
자신이 'wonderful'이라 느꼈던 순간이 있나요?

We're all wonders because we all feel we are WONDER-ful.
우리는 모두 WONDER-ful인 기적이에요.

읽기 중 천천히 음미하며 읽기

이 책은 주인공의 독백 형식으로 전개됩니다. 반복되는 문장이나 패턴이 없으므로 서

두르지 말고 천천히 음미하며 읽는 것이 좋습니다. 교사가 한 줄씩 읽고 학생들이 따라 읽거나, 모둠 순서대로 돌아가며 한 페이지씩 맡아 문장을 천천히 되새기면서 읽어봅니다.

읽기 후 │ DVDM 질문으로 가치 나누기

DVDM 전략은 개념을 명확히 하고 의견 수렴을 통해 구체적인 해결책을 함께 찾아가는 데 도움이 되는 기법입니다. 'Look with kindness and you will always find wonder.(친절의 눈으로 바라보면 언제나 기적을 만나게 된다)'라는 책의 마지막 문장으로 메시지를 나눈 뒤, DVDM 질문으로 친절의 방법을 찾아봅니다. 단계별 질문으로 친절의 의미와 가치를 명확하게 인식하고, 우리가 나눌 수 있는 친절에 대해 함께 고민하는 시간을 가집니다.

단계	예시 질문
Definition 정의 질문	What is kindness? 친절이란 무엇인가요?
Value 가치 질문	Why is kindness important? 친절은 왜 중요한가요?
Difficulty 난관 질문	Why is it difficult to be kind? 왜 친절하기 어려울까요?
Method 해법 질문	How can we be kind to others? 우리는 타인에게 어떻게 친절할 수 있을까요?

읽기 후   헬리콥터 배너 만들기

친절을 나누는 방법과 태도를 헬리콥터 배너에 한 문장으로 싣습니다. 친구들의 의견을 살펴보며 가치를 내면화합니다.

Teacher's talk

Write your idea in a sentence on the helicopter banner.
헬리콥터 배너에 한 문장으로 표현해보세요.

읽기 후   헬멧 저널 쓰기

헬멧은 주인공의 상처를 상징하지만, 창을 통해 여전히 세상과 소통하는 통로가 되어주기도 합니다. 수업에서 나누었던 이야기를 바탕으로 내가 세상의 기적인 이유와 친절에 관한 다짐을 헬멧 창에 표현합니다.

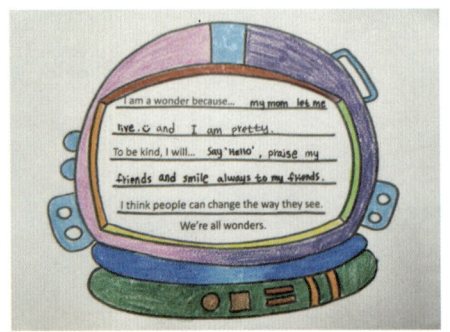 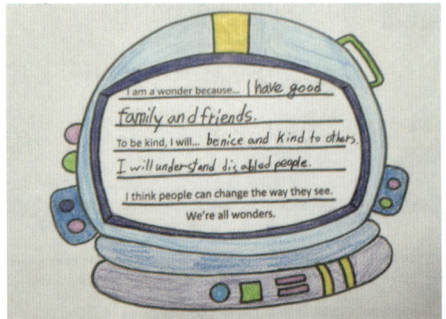

Teacher's talk

Why do you think you are a wonder?
여러분이 세상의 기적인 이유는 무엇인가요?

Write down what you can do to be kind.
친절함을 실천하기 위해 내가 할 수 있는 일을 써보세요.

아이들의 한 뼘 성장

- 누구나 소중한 존재이고 기적이라는 사실을 알았다.
- 친절한 세상을 만들기 위해서는 나부터 친절을 베풀어야겠다.

65

환경과 업사이클링

그림책 소개 및 활용

낡고 해진 외투를 끊임없이 새로운 물건으로 만들어내는 Joseph 아저씨의 이야기로 칼데콧 아너상을 받은 책입니다. 다양한 기법으로 표현된 그림을 보는 재미가 있으며, 페이지를 넘길 때마다 다음에 무엇이 만들어질지 추측하며 읽는 사이 반복되는 패턴의 문장을 자연스럽게 익힐 수 있습니다. 자원의 리사이클링과 업사이클링을 통해 환경 보호에 대해 생각하며, 나만의 아이디어로 문장을 만들어보는 수업으로 활용합니다.

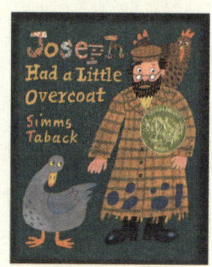

Joseph Had a Little Overcoat

어휘 및 표현

He made + 명사 + out of + 명사.
overcoat, jacket, vest, scarf, necktie, handkerchief, button, fair, nephew, wedding, chorus, married, city, tea, fasten, suspender, lost, out of, old, worn

그림책 활동

읽기 전 경험 나누기

자원의 리사이클링이나 업사이클링의 의미를 안내하고, 버리는 물건으로 새로운 물건을 만들어본 경험이 있는지 함께 이야기 나눕니다.

Teacher's talk

Have you ever turned an old item into something new?
낡은 물건을 새로운 물건으로 바꿔 사용한 적이 있나요?

What do you think will happen to Joseph's coat?
Joseph의 코트에 무슨 일이 일어날 것 같나요?

읽기 중 다음 장면 추측하며 읽기

장면마다 새로 등장하는 물건을 추측하며 이야기를 읽습니다. 앞장의 구멍 부분이 다음 장에서 새로 만들어지는 물건이 되므로, 페이지를 천천히 넘기며 구멍 모양으로 힌트를 줄 수 있습니다.

Teacher's talk

Read the story thinking about what Joseph's overcoat turns into.
Joseph의 오버코트가 어떻게 변하는지 생각하며 읽어보세요.

What do you think Joseph made next?
Joseph는 그다음에 무엇을 만들었을까요?

읽기 중 그림지도로 핵심 단어 표현하기

이야기의 전개에서 핵심적인 물건과 장소를 플로우맵(Flow Map) 형태의 그림지도로 나타내봅니다. 반복되는 문장 구조에서 변하는 부분을 차례대로 도식화하여 이야기의 흐름을 파악하고 어휘를 효과적으로 익힐 수 있습니다.

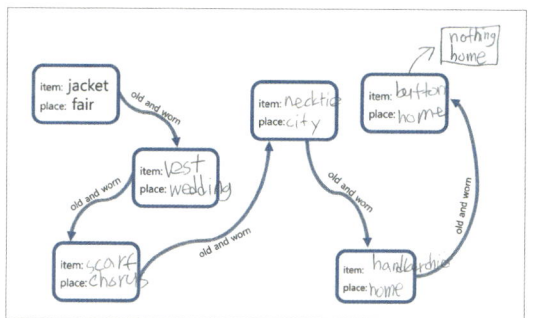

> **Teacher's talk**
>
> Do you remember how Joseph's things and places changed?
> Joseph의 물건과 장소가 어떻게 변하는지 기억하나요?

읽기 중·후 플랩북 만들기

플랩북의 날개 왼쪽에 새로 만든 물건을 쓰고 오른쪽에 그 재료를 그립니다. 두 단어를 사용한 문장을 볼 수 있게 안쪽에 차례대로 적습니다. 완성한 플랩북을 아래에서부터 펼치며 읽기를 연습합니다.

> **Teacher's talk**
>
> Write the created item on the left and draw the materials on the right.
> 왼쪽에 만든 물건을 쓰고 오른쪽에 재료를 그리세요.
>
> Write sentences inside and open them from the bottom to read.
> 안쪽에 문장을 쓰고 아래에서부터 펼치며 읽으세요.

> **읽기 후** 나만의 업사이클링 아이디어 소개하기

리사이클링이나 업사이클링 아이디어로 친환경 아이템을 구상하여 한 장면을 더합니다. 나만의 아이디어로 문장을 쓰고 친구들에게 소개하며 반복하여 표현을 익히는 것에 중점을 두고 활동합니다. 서로의 생각을 통해 환경 보호에 대해 생각해보는 기회가 되게 합니다. 한 장면의 문장을 확장하여 업사이클링을 제안하는 포스터 만들기를 해도 좋습니다.

> **Teacher's talk**
>
> **Think of your own upcycled item.**
> 나만의 업사이클링 아이템을 생각해보세요.
>
> **Design a poster introducing your upcycling idea.**
> 업사이클링 아이디어를 소개하는 포스터를 꾸며보세요.

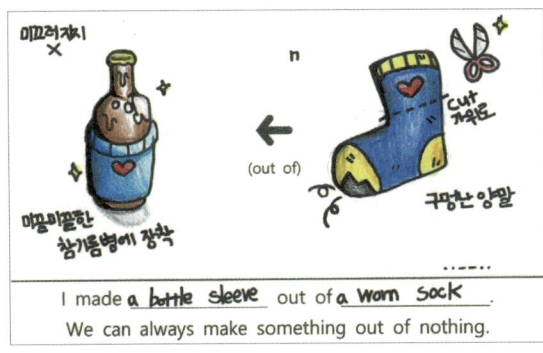

아이들의 한 뼘 성장

- 업사이클링에 대한 친구들의 아이디어가 기발하고 인상적이었다.
- 나도 환경을 생각하며 생활 속에서 업사이클링을 실천할 것이다.

66

장애 인식 개선

그림책 소개 및 활용

또래와 같이 평범하고 즐거운 일상을 보내는 아이 Susan의 이야기입니다. 특별한 서사가 있는 것은 아니지만, 다양한 동사와 형용사로 나열되는 Susan의 일상을 통해 많은 어휘를 접할 수 있습니다. 특히 동사의 3인칭 단수 현재형을 익히기 좋습니다. 작가의 메시지가 엿보이는 마지막 장면을 활용하여, 장애인에 대한 우리의 시선을 돌아보고 소감을 나누는 수업으로 연결합니다.

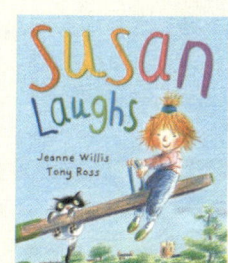

Susan Laughs

어휘

Susan laughs(동사의 3인칭 단수 현재형 표현).
laugh, sing, fly, swing, dance, ride, swim, hide, splash, spin, wave, grin, trot, row, paint, throw, feel, fear, hug, hear, sad, shy, loud, angry, proud, right, wrong, weak, strong

그림책 활동

읽기 전 O, X로 경험 떠올리기

책에 나오는 동사와 형용사 대부분은 누구나 경험하는 일상의 것들을 다루고 있습니다. 단어를 하나씩 짚어보며 내가 한 번이라도 경험했거나 느꼈던 감정이 있다면 O로 표시하게 합니다. 경험을 떠올리며 단어의 뜻을 살피고, Susan의 모든 모습이 나와 다르지 않다는 걸 자연스럽게 이해할 바탕을 마련합니다.

laugh	sing	fly	swing	dance	ride
Ⓞ x	Ⓞ x	Ⓞ x	Ⓞ x	Ⓞ x	Ⓞ x
swim	hide	splash (첨벙)	spin	wave	grin (크게 웃다)
Ⓞ x	Ⓞ x	Ⓞ x	Ⓞ x	Ⓞ x	Ⓞ x
trot (빠른 걸음으로 걷다)	row (노를 젓다)	paint	throw	feel	fear
Ⓞ x	Ⓞ x	Ⓞ x	Ⓞ x	Ⓞ x	Ⓞ x
hug	hear	weak	strong	happy	sad
Ⓞ x	Ⓞ x	Ⓞ x	Ⓞ x	Ⓞ x	Ⓞ x
say	loud	angry	proud	right	wrong
Ⓞ x	Ⓞ x	Ⓞ x	Ⓞ x	Ⓞ x	Ⓞ x

Teacher's talk

Circle the words you have done before.
해본 적이 있는 낱말에 동그라미를 하세요.

Has anyone ever laughed?
웃어본 적이 있는 사람 있나요?

Have you ever sung a song?
노래를 불러본 적이 있나요?

...

읽기 중 주제를 극대화하는 질문하기

Susan의 행동이 특별한지 평범한지, 우리와 같은지 다른지 중간중간 반복해서 묻습니다. 읽기 전 활동과 연결하며 Susan이 우리와 다르지 않다는 것을 자연스럽게 느끼게 합니다. Susan의 모든 경험이 평범하다는 걸 확인한 뒤, 휠체어에 앉은 Susan의 모습을 보여줍니다. 지금까지의 반복된 질문의 의도를 알아차리며, 장애가 특별한 것이 아니라는 사실을 더욱 명확하게 받아들이도록 유도합니다.

책의 장면	교사 질문
Susan laughs. Susan sings. …	Is Susan the same or different from us? Is Susan special or normal? …

Teacher's talk

Are people with disabilities just like us, or are they different?
장애인은 우리와 같을까요, 다를까요?

읽기 중 주인공 이름을 내 이름으로 바꿔 읽기

주어인 Susan의 이름을 각자의 이름으로 바꾸어 읽어봅니다. 자신이 주어가 된 문장을 소리 내어 읽음으로써 문장 안으로 직접 들어가 보는 경험을 할 수 있습니다. Susan의 입장이 되어 장애에 대해 느끼고, 장애가 누군가를 특별하게 만드는 게 아니라는 사실을 진정성 있게 깨닫게 합니다.

문장 예시		
Susan laughs.	➡	Jieun laughs.
Susan sings.	➡	Minjun sings.
Susan flies.	➡	Seoyeon flies.
…		…

> **Teacher's talk**
>
> **Put your name in place of 'Susan' and read the book.**
> 'Susan' 대신에 자신의 이름을 넣어 읽어보세요.
>
> **How do you feel about it?**
> 어떤 느낌이 들었나요?

읽기 중   몸으로 표현하기

책의 모든 문장이 동사와 형용사를 포함하는 짧은 내용이므로 몸으로 표현활동을 하기 좋습니다. 교사의 몸짓을 보고 문장을 말하게 하거나 교사가 읽는 문장을 아이들이 몸으로 표현하게 하며 재미있게 어휘를 익힙니다.

> **Teacher's talk**
>
> **Listen to the sentences and act them out with your body.**
> 선생님의 문장을 들으면서 몸으로 표현해 보세요.

읽기 후   한 줄 감상평 쓰기

주인공이 휠체어에 앉아있는 마지막 장면에서 학생들은 숙연해지거나 감탄사를 내뱉기도 합니다. 특별한 것 없다고 여겼던 문장들의 의미를 깨닫게 되는 순간이므로 작가가 전하고자 하는 메시지가 무엇인지 생각하고 함께 이야기 나누기 좋습니다. 마지막 문장을 통해 장애와 장애인에 대한 우리의 편견을 되돌아보고, 책에 대한 한 줄 감상평으로 각자의 생각을 표현합니다.

> ✅ **TIP** 장애, 편견, 평등과 같이 활용하기 좋은 단어들을 미리 안내하여 생각과 느낌을 풍부하게 표현하도록 도와줍니다.

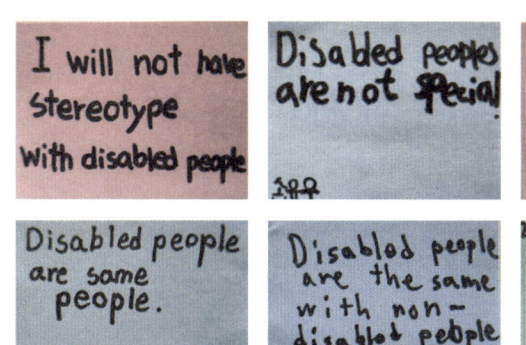

활용할 수 있는 어휘 예시			
ordinary	평범한	non disabled person	비장애인
special	특별한	disabled person	장애인
stereotype	편견	human right	인권
normal	보통의	different	다른
equal	평등한	same	같은

Teacher's talk

Talk with your friends about how you feel after reading the book.
책을 읽고 난 소감을 친구들과 나눠보세요.

Use the example words and write your sentences.
예시 어휘를 활용하여 문장으로 써보세요.

아이들의 한 뼘 성장

- 장애인은 나와 다른 사람이라고 생각했던 것이 미안했다.
- 앞으로 장애인을 보면 편견을 갖지 않을 것이다.

67
편견과 고정관념

그림책 소개 및 활용

우리도 모르는 사이 굳어져 버린 색깔의 경계를 허물어버리게 도와주는 책입니다. 흔한 사물의 색깔에 대한 고정관념에서 시작하여 피부색으로 귀결되는 이야기를 통해 우리의 편견을 되돌아볼 수 있습니다. 구체적 사물뿐 아니라 추상적인 개념도 색깔로 표현해 보며 편견과 고정관념을 넘어서는 수업으로 연결합니다.

These Colors Are Bananas

어휘

apples, always, grass, often, clouds, roses, fire, dirt, lay, eggs, dog, different, ready, hand, always, often

그림책 활동

읽기 전 단어와 색깔 연결하기

사물에 연상되는 색깔을 연결하는 활동으로 읽기를 준비합니다. 색깔에 대한 고정관념을 인지하기 위한 목적이므로 책 표지를 보지 않은 채로 활동하는 것이 좋습니다. 1:1로 연결한 결과를 공유하며 왜 그렇게 생각했는지 질문합니다. 우리가 흔히 보거나 접하는 것이 그 색깔이기 때문이라는 학생들의 대답을 활용하여 고정관념에 대한 개념을 자연스럽게 이끌어냅니다.

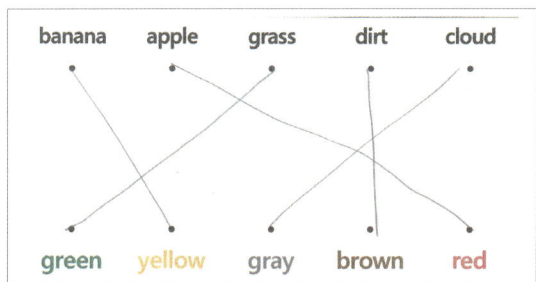

Teacher's talk

What color is an apple? Why do you think so?
사과는 무슨 색깔일까요? 왜 그렇게 생각했나요?

Most apples are red, but thinking that all apples are red is a stereotype.
사과는 대부분 빨갛지만, 모든 사과가 빨갛다고 생각하는 것은 고정관념이에요.

읽기 중 무엇인지 추측하며 읽기

오른쪽 페이지의 색깔을 먼저 확인한 뒤 왼쪽 페이지에서 무엇을 표현한 것인지 추측하며 반대로 읽을 수도 있습니다. 실물화상기로 오른쪽 페이지를 비춘 상태에서 왼쪽으로 조금씩 옮겨 보여주며 그림이 조금씩 드러나도록 힌트를 주면 재미있게 답을 추측하며 읽기 좋습니다.

책의 색깔	green, yellow, yellow-green, pink, beige, pink…
교사	What are these colors for?
학생 추측	flower, tree, leaves, apple…

읽기 후 책 표지 꾸미기

책 표지를 새로 디자인해봅니다. 편견을 깨는 활동이 되도록 다양한 아이디어를 발산하게 유도합니다. 활동지에 색칠하거나, PPT의 색 채우기 기능을 활용하여 활동할 수 있습니다.

Teacher's talk

Create a new book cover and share it with your friends.
책 표지를 새로 꾸미고 친구들과 나눠보세요.

읽기 후 시 쓰기

책의 문장을 조합한 문장에 빈칸을 채워 시를 짓습니다. 편견과 다양성에 대한 생각을 나누고 이해하는 기회가 되게 합니다.

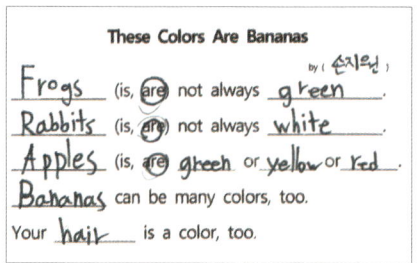
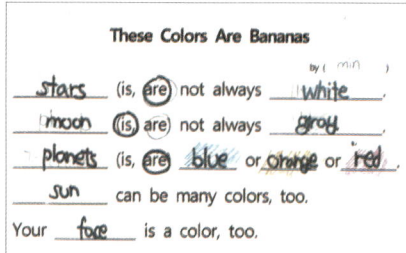

Teacher's talk

Fill in the blanks and write your own poem.
빈칸을 채워 여러분만의 시를 써보세요.

읽기 후 단어와 색깔 다시 연결하기

읽기 전에 사물과 색깔을 연결했던 활동지를 다시 확인합니다. 읽기 전과 후의 생각 변화가 드러나도록 다른 색깔의 펜으로 활동지를 수정하게 합니다. 서로의 결과를 살펴보며 편견이나 고정관념에 대해 변화된 생각을 발표합니다.

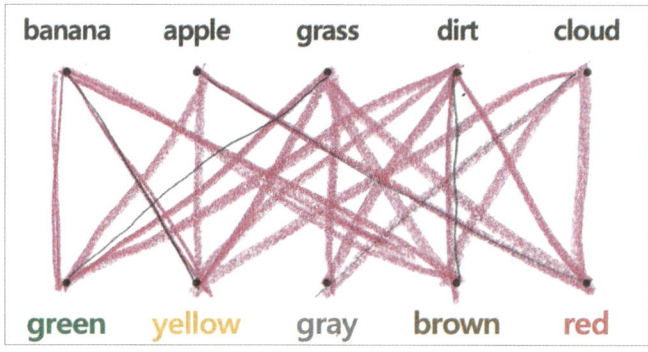

> **Teacher's talk**
>
> **Reconnect the things and colors with a different colored pencil.**
> 다른 색깔 펜으로 사물과 색깔을 다시 연결해 보세요.

아이들의 한 뼘 성장

- 나도 몰랐던 고정관념을 깨닫게 해준 책이었다.
- 어떤 것에 대해 생각할 때 고정관념을 가지지 않도록 조심해야겠다.

68
감정의 수용

그림책 소개 및 활용

슬픔이라는 감정을 마주하는 법을 따뜻하고 다정한 그림과 말로 알려주는 Eva Eland(에바 엘란트)의 그림책입니다. 슬픔이 하는 이야기에 귀 기울이고, 자연스럽게 느끼고, 껴안아 준다면 슬픔이 더는 두려운 존재가 아니라는 위로의 메시지를 얻을 수 있습니다. 협력하여 찾은 키워드를 통해 책의 내용을 정리해보며, 슬픔을 건강하게 수용하는 방법을 내면화하는 수업으로 활용합니다.

When Sadness Comes to Call

어휘

sometimes, sadness, arrive, follow, hardly, breathe, hide, yourself, afraid, listen, ask, need, while, both, enjoy, draw, drink, stay, inside, try, welcome, sleep, alone, wake, gone, worry

그림책 활동

읽기 전 첫 글자 표로 예상 키워드 모으기

표지와 면지에서 추측한 예상 키워드를 포스트잇에 써서 모둠별 첫 글자 표에 모읍니다. 첫 글자로 시작하는 키워드를 떠올리며 이야기를 적극적으로 예상할 수 있습니다. 특히 앞 면지에는 슬픔에 부정적인 사람들의 모습, 뒷 면지에는 슬픔을 긍정적으로 수용하는 사람들의 모습이 대비되어 있어 키워드를 예상하는 데 좋은 힌트가 됩니다.

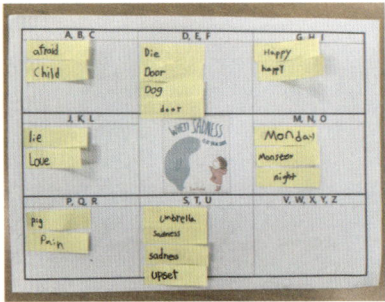 

Teacher's talk

What do you see on the front and back cover of this book?
책의 표지에 무엇이 보이나요?

Guess the keywords and collect them in the First Letter Table.
키워드를 예상하여 첫 글자 표에 모아보세요.

읽기 중 첫 글자 표에 키워드 추가하기

이야기를 읽으면서 첫 글자 표에 키워드를 추가합니다. 이때 내용에 집중하며 동시에 키워드를 쓰는 점을 고려하여 천천히 읽어줍니다. 읽기 전의 활동과 다른 색깔의 포스트잇으로 키워드의 변화를 비교하게 합니다.

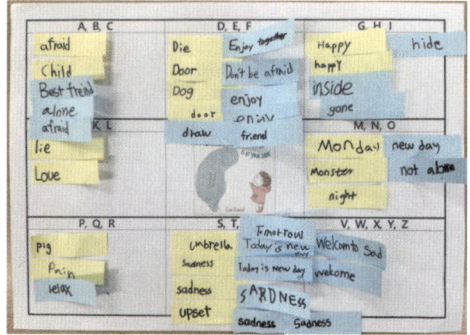 

> **Teacher's talk**
>
> Add the keywords to the First Letter Table as you read.
> 책을 읽으면서 첫 글자 표에 키워드를 추가하세요.
>
> Compare how the keywords are different from each other.
> 서로의 키워드가 어떻게 다른지 비교해 보세요.

읽기 후 키워드로 책 내용 표현하기

반복되는 키워드를 바탕으로 내용을 표현하며 이야기의 메시지를 더 깊이 있게 이해할 수 있습니다.

> **Teacher's talk**
>
> Find the keywords from the table and summarize the book using them.
> 표에서 많이 나온 키워드를 찾아 책의 내용을 정리해 보세요.

읽기 후 100가지 방법 찾기

슬픔을 건강하게 수용하는 방법을 찾아봅니다. 실제로 100가지를 찾지 못하더라도 활동의 이름을 통해 다양한 아이디어를 발산할 수 있는 동기를 부여합니다.

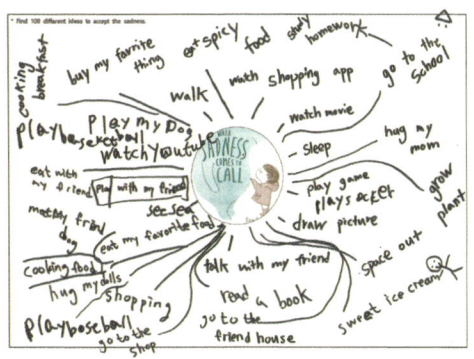 

> **Teacher's talk**
>
> What can we do when we feel sadness?
> 슬픔이 찾아왔을 때 어떻게 대처할 수 있을까요?
>
> Share your own way of dealing with sadness with your friends.
> 슬픔을 대하는 나만의 방법을 친구들과 나누어 보세요.

아이들의 한 뼘 성장

- 첫 글자 표에 키워드를 모으고 반복되는 키워드를 찾아내는 게 신기했다.
- 슬픔이 찾아왔을 때 어떻게 해야 할지 많이 알게 된 것 같다.

69
문화 다양성

그림책 소개 및 활용

서로 다른 곳에 사는 또래 아이들의 모습을 대비시켜 나라별 문화 차이를 이해하기 쉽게 보여주는 Melanie Walsh(멜라니 월시)의 그림책입니다. 옷차림과 언어, 도구와 교통수단은 달라도 언제나 공통점이 있다는 구조로 이야기가 반복되는 동안, 다름을 넓게 이해하고 긍정적으로 받아들이는 태도를 배울 수 있습니다. 겉모습은 달라도 같은 행복을 누리며 살아가는 사람들의 모습을 통해 문화적 다양성을 수용하고 이해하는 수업으로 연결합니다.

My World, Your World

어휘

wear, colorful, sari, warm, jacket, snowboots, both, trainers, gym, class, tickle, dinner, knife, fork, chopsticks, drink, juice, straw, ride, elephant, horse, skateboard, park, live, tall, flat, farm, star

그림책 활동

읽기 전 차이와 편견 나누기

'차이'와 '편견'에 관한 문장을 읽고 구분하는 활동으로 다양성에 관해 생각하는 기회를 가져봅니다. 모둠 친구들과 의견을 나누며 분류하는 과정에서 소수의 입장이나 관점, 문화적인 차이를 충분히 생각하고 수용할 수 있게 유도합니다.

 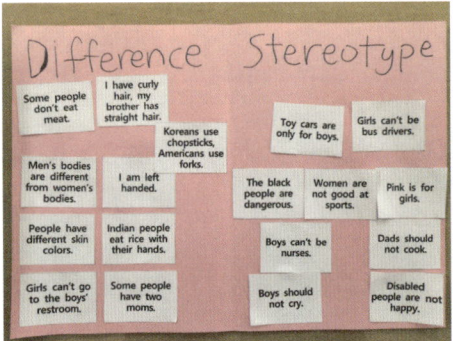

Teacher's talk

Can you tell the difference between differences and stereotypes?
차이인지 편견인지 구별할 수 있나요?

Talk with your friends about why you think so.
왜 그렇게 생각하는지 친구와 이야기 나누어 보세요.

읽기 중 질문하며 참여 유도하기

이 책은 문화적 차이를 표현한 두 장면 뒤에 공통되는 장면이 반복되는 구조로 전개됩니다. 공통점이 있는 장면을 읽기 전에, 앞의 두 장면을 다시 보여주며 서로 같은지 다른지 질문합니다. 다양성을 인정하는 아이들의 대답을 유도한 뒤 다음 장면의 they both를 강조하면, both의 의미를 명확히 이해하며 내용을 받아들이게 할 수 있습니다.

책의 장면(문화 다양성)	Muhib rides an elephant. Edie rides a horse.
교사	(앞 두 장면을 다시 넘겨 보여주며) Are they the same or different?
학생들	Different!
책의 장면(문화 보편성)	But… they both ride skateboards in the park.

읽기 후 QAR 질문으로 이야기 정리하기

QAR(Question-Answer Relation) 전략은 다양한 질문에 대한 답을 찾는 과정에서 자연스럽게 내용에 가까워지도록 하는 기법입니다. 교사가 제시하는 질문에 함께 답을 찾아보며 이야기를 정리합니다.

단계	질문 예시
right there 책 내용으로 질문	What did you see in the story? 이야기에서 무엇을 보았나요?
think and search 유추가 가능한 질문	Is everyone the same or different? Why? 모든 사람은 같은가요, 아니면 다른가요? 왜 그렇게 생각하나요?
author and me 저자와 나 사이의 질문	What was the writer trying to say? 작가는 무엇을 말하려고 했나요?
on my own 내 삶에 연관된 질문	What would you like the title to be? 이야기의 제목을 무엇으로 하고 싶나요? Can you find more examples like the one in the story? 이 이야기와 같은 예시를 더 찾을 수 있나요?

읽기 후 내가 찾은 문화 다양성 소개하기

QAR 마지막 단계의 질문을 활용하여 다음 활동으로 연결할 수 있습니다. 나라면 어떤 제목을 지을지 상상하고, 반복되는 이야기의 구조를 활용하여 문화 다양성을 보여주는 예를 찾아봅니다.

 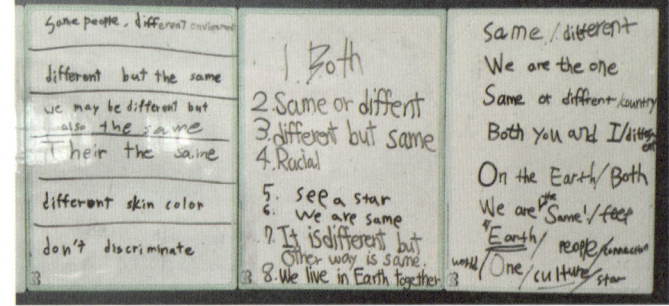

> **Teacher's talk**
>
> **If you were a writer, what title would you choose for the book?**
> 여러분이 작가라면, 책의 제목을 무엇으로 지을 것 같나요?
>
> **Find more examples of cultural differences and create a story.**
> 문화적 차이가 드러나는 예시를 더 찾아 이야기를 만드세요.

아이들의 한 뼘 성장

- 차이와 편견을 구별하면서 헷갈리는 것도 있었지만 이제는 잘 알게 되었다.
- 나라마다 다른 점이 있지만, 틀린 것은 아니다.

70
용기와 성장

그림책 소개 및 활용

그림자를 두려워하던 토끼가 우연히 겪게 된 긍정적인 경험을 계기로 그림자와 친구가 됩니다. 검은 토끼로 묘사되는 그림자는 두려움을 투영한 토끼의 내면일 수도, 피하고 싶은 대상일 수도 있습니다. 불안에 대한 극복이나 부정적인 상황을 대하는 자세 등의 넓은 의미로 해석될 수 있는 책의 메시지를 함께 나누기 좋은 책입니다. 나의 검은 토끼를 찾는 과정에서 내가 겪었던 어려움을 떠올리며 아이들의 삶으로 이야기를 확장합니다.

The Black Rabbit

어휘

burrow, alone, scared, behind, in front of, pull, bank, climb, tremble, reply, sigh, notice, out of, scramble, tight, attack, happen, hand in hand, bounce

그림책 활동

읽기 전 표지 보고 이야기 나누기

표지를 보면 제목인 The Black Rabbit이 그림자를 의미한다는 걸 바로 알아차리게 됩니다. 토끼가 자신의 그림자를 쳐다보는 장면을 통해 이야기에 대한 상상의 날개를 펼칠 수 있도록 유도합니다. 친구들이 예상한 이야기와 내가 생각한 이야기를 나누며 책에 대한 호기심을 높입니다.

> **Teacher's talk**
>
> **What do you think the Black Rabbit means?**
> 검은 토끼는 무엇을 의미할까요?

읽기 중 마음의 소리로 표현하기

검은 토끼에 대한 주인공 토끼의 태도에는 뚜렷한 변화가 나타납니다. 이를 활용하여 인물의 마음을 짐작하고 문장으로 표현하는 활동을 할 수 있습니다. 세 단계의 주요 장면에서 주인공 토끼의 생각과 심리를 1인칭 시점의 짧은 문장으로 표현합니다. 친구들의 문장을 살펴보며 주인공 토끼의 감정에 공감해 봅니다.

단계	장면	마음의 소리
처음		

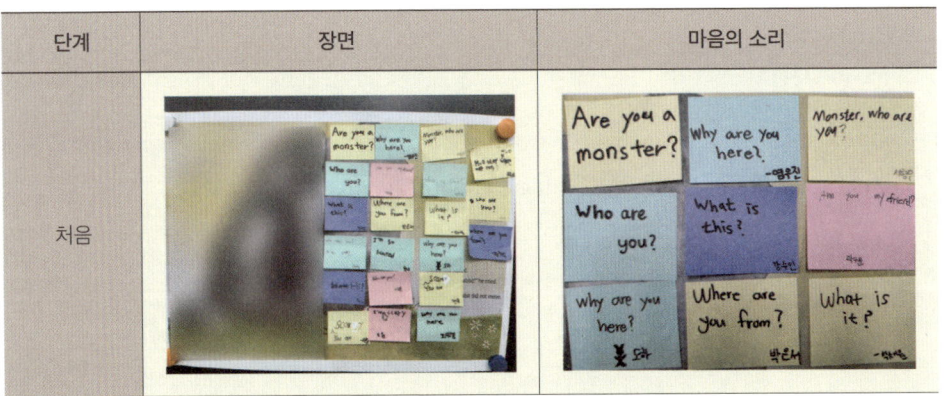

Teacher's talk

Be Rabbit and write what he's thinking or saying.
여러분이 토끼가 되어 어떤 생각을 하거나 말할지 써보세요.

Look at your friends' sentences and compare them with yours.
친구들의 생각을 살펴보고 자신의 것과 비교해 보세요.

읽기 후 나의 Black Rabbit 찾기

주인공 토끼가 검은 토끼를 두려워했던 이유와 마음을 바꾸게 된 이유를 떠올리며 나의 검은 토끼를 찾아봅니다. 단점을 극복하거나 받아들인 경험, 두려웠지만 참고 마주한 일, 부정적인 상황이 결과적으로는 나에게 긍정적인 영향을 주었던 일을 떠올리며 아이들의 삶과 이야기를 연결합니다. 책의 메시지를 생각하며 자신만의 경험을 끌어낼 수 있도록 격려합니다.

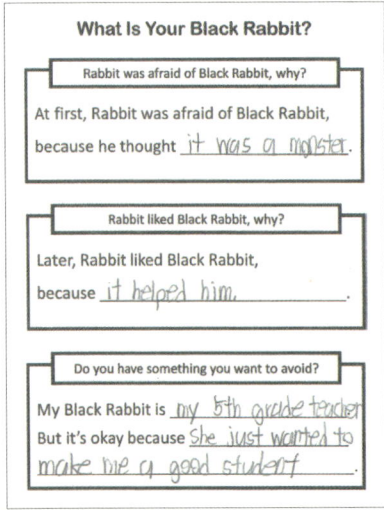
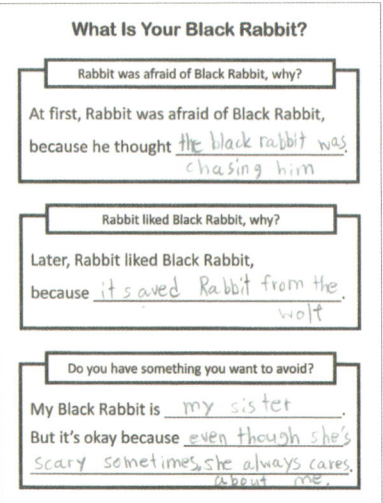

> **Teacher's talk**
>
> **What made Rabbit like Black Rabbit in the end?**
> 토끼가 결국 검은 토끼를 좋아하게 된 이유는 무엇이었나요?
>
> **What does Black Rabbit mean to you?**
> 여러분에게 검은 토끼는 어떤 의미인가요?
>
> **Think of something you were afraid of but ended up being helpful.**
> 두려웠지만 결국 도움이 되었던 경험을 떠올려보세요.

읽기 후 그림책의 장면으로 표현하기

두려워했던 그림자의 모습과 친구가 된 그림자의 모습이 대비된 그림책의 장면을 활용하여 나의 Black Rabbit를 표현합니다. 그림자 안에 피하고 싶은 일과 그 일로 성장하게 될 모습 또는 긍정적인 면을 쓰고 그림으로도 나타냅니다.

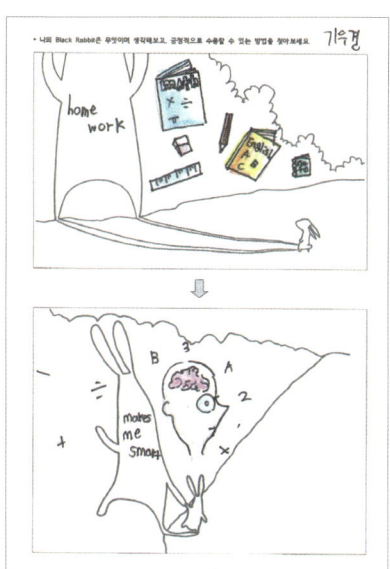 

Teacher's talk

Is there something you want to avoid now?
여러분도 피하고 싶은 일이 있나요?

Think about how it could help you and draw a picture.
그 일이 나에게 어떤 도움이 될지 생각하고 그림으로 표현해보세요.

아이들의 한 뼘 성장

- 마음의 소리 활동을 통해 친구들의 생각을 알 수 있었다.
- 만약 힘든 일이 생겨도 너무 나쁘게 생각하지 말아야겠다.

71
다름과 긍정

그림책 소개 및 활용

다양한 모습의 사람들을 통해 다름을 이해하고 수용하도록 도와주는 Todd Parr(토드 파)의 그림책입니다. 있는 그대로의 자신을 존중하는 태도를 자연스럽게 배울 수 있습니다. 마치 어린이가 그린 것 같은 단순한 형태와 선명한 색감의 그림으로 의미를 직관적으로 파악하기 좋습니다. 남들과 달라 불편하게 여겼거나 부정했던 자신의 모습에 대해 끊임없이 괜찮다고 말해주는 책의 메시지를 활용하여, 서로의 다름을 인정하고 생각을 표현하는 수업으로 연결합니다.

It's Okay to Be Different

어휘 및 표현

It's okay to + 동사원형.
It's okay to be + 형용사.
missing, tooth, wheels, glasses, bathtub, say no, embarrassed, in last, by yourself, worm, proud, adopted, invisible, mittens, squirrel, nut, collect, wish

그림책 활동

읽기 전 제목 예상하기

표지에 그려진 네 사람의 그림을 보고 무엇이 괜찮다고 표현한 것인지 추측하게 합니다. 제목을 확인한 후에는 달라도 괜찮은 것에 무엇이 있다고 생각하는지 이야기 나누며 읽기를 시작합니다.

Teacher's talk

Look at the pictures on the book cover. Can you guess the title?
표지의 그림을 살펴보세요. 제목이 무엇일 것 같나요?

읽기 중 그림 보고 표현 예상하며 읽기

빈칸을 채워 문장을 완성하며 읽습니다. 28가지의 문장이 나오므로 전체 읽기와 모둠 퀴즈를 번갈아 활동하면 좋습니다. 처음에는 빈칸을 추측하여 자유롭게 말해보게 하다가, 모둠별로 예상 단어를 보드에 적어 맞히게 하며 읽습니다.

It's okay to have a _____ worm.

Teacher's talk

Think of the words to fill in the blanks and write them on your board.
빈칸에 들어갈 단어를 생각하여 보드에 쓰세요.

> **읽기 후** ○○해도 괜찮아 🔽

자신이 생각하는 문장으로 그림책의 한 장면을 더해 봅니다. 타인의 이해가 필요한 상황을 떠올리고, 문장을 만들며 책의 메시지를 되새깁니다.

Teacher's talk

Make your own sentence and add a new scene.
자신만의 문장을 만들어 새로운 장면을 더해 보세요.

> **읽기 후** 단어 구름(Word Cloud) 만들기

달라도 괜찮다고 할 수 있는 단어들을 생각하여 OK 모양의 단어 구름으로 표현합니다. 연필로 연하게 틀을 그린 뒤 다양한 모양의 단어로 안을 채우고 틀을 지워서 완성합니다. 달라도 괜찮은 우리의 모습을 생각하며 어휘를 확장합니다.

> **Teacher's talk**
>
> **Think of many things that are okay to be.**
> 괜찮다고 말할 수 있는 많은 것들을 생각해보세요.
>
> **Write those words inside the shape of 'OK' and erase the pencil marks.**
> 단어들로 OK 모양 안을 채우고 연필 자국을 지우세요.

아이들의 한 뼘 성장

- 그림이 꼭 아이가 그린 것 같아서 웃겼다.
- 단어 구름을 만들면서 많은 단어를 알게 되었다.

72
자아존중감

그림책 소개 및 활용

있는 그대로의 나를 받아들이고 서로의 다름을 존중하자는 메시지를 전하는 Grace Byers(그레이스 바이어스)의 그림책입니다. 각자의 개성을 인정하며 긍정적인 자아를 바라보게 도와주는 이야기를 통해 자신에 대한 가치와 존중감을 키우는 수업으로 연결합니다.

I Am Enough

어휘 및 표현

Like a + 명사, I'm here to + 동사.
sun, voice, bird, soar, tree, mountain, time, champ, heart, ladder, air, wind, rope, rain, moon, student, shine, sing, fly, grow, stand, fight, love, climb, rise, push, pull, pour, drip, fall, dream, learn, swell, burn

그림책 활동

읽기 전 나는 (　　)하러 왔어요

자신이 세상에 왜 왔는지 이야기 나눕니다. 다양한 이유 중에서 함부로 하찮다고 말할 수 있는 이유는 어디에도 없다는 걸 알려줍니다. 서로의 생각에 공감하고 자신의 존재에 대해 긍정하는 시간을 가지며 읽기를 차분히 준비합니다.

> **Teacher's talk**
>
> Think about why you are here and talk about it.
> 자신이 세상에 존재하는 이유를 생각하고 이야기 나눠보세요.

읽기 중 나도 꼬마 번역가

글밥이 많아지는 뒷부분을 생략하고 반복되는 패턴이 나오는 부분까지만 읽는 것도 좋습니다. 반복되는 'Like the + 명사, I'm here to +동사.'의 패턴이 있는 장면을 출력하고 모둠별로 나누어 번역합니다. 차례대로 모둠을 이동하며 서로의 문장을 둘러보거나, 종이를 모아 차례로 낭독하는 시간을 가집니다. 번역을 통해 두 언어의 감각을 음미하고 번역가가 된 기쁨을 느껴봅니다.

  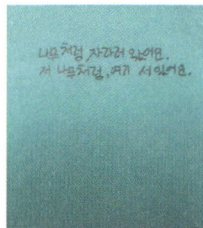

> **TIP** 번역기의 사용은 제한하되 사전 검색을 허용하여, 단어의 뜻만으로 문장에서의 쓰임을 충분히 탐색하게 합니다. 협의하며 의미를 다듬는 과정을 통해 어휘를 깊이 있게 생각하는 기회가 될 수 있습니다.

> **Teacher's talk**
>
> Translate the sentences into Korean using the basic pattern.
> 기본 패턴을 사용하여 문장을 우리말로 번역해 보세요.
>
> Collect the sentences from each group and read them together.
> 각 모둠의 문장을 모아 함께 낭독해 보세요.

읽기 후 내가 세상에 온 이유

패턴을 활용하여 나의 가치를 표현하는 문장을 만들어봅니다. 내가 세상에 온 이유, 내가 존재하는 특별한 이유를 생각하여 모은 뒤 서로의 의견을 살펴보고 공감합니다. 만든 문장을 그림책의 한 장면으로 표현해보며 자신의 존재 이유를 소중히 여기고 자아존중감을 키웁니다.

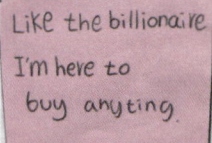 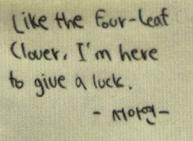 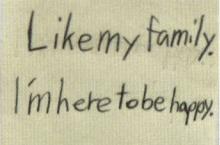 

> **Teacher's talk**
>
> Think about why I am here and why I am special.
> 내가 존재하는 이유와 내가 특별한 이유를 생각해 보세요.

읽기 후 | 보석 반지에 나의 가치 새기기

마음에 드는 문장 일곱 가지를 골라 가치 보석 반지를 꾸밉니다. 나의 가치를 표현하는 문장을 찾아 반지에 새기며 스스로에 대한 긍정의 마음을 키웁니다.

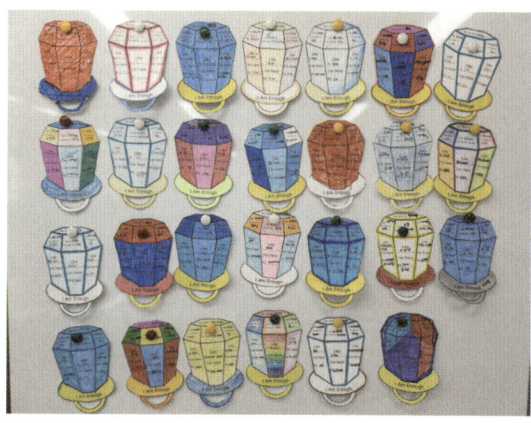 

> **Teacher's talk**
>
> Write seven sentences on a jewel ring and color them in.
> 가치 보석 반지에 일곱 문장을 쓰고 꾸며보세요.
>
> Look at your friends' ring and keep the sentences in your mind.
> 친구들의 문장을 살펴보고 그 문장을 마음에 새깁니다.

아이들의 한 뼘 성장

- 친구들과 함께 번역하는 경험이 새로웠다.
- 내가 세상에 온 이유를 표현하면서 새로운 단어를 알 수 있게 되었다.

73
어버이날

그림책 소개 및 활용

엄마를 사랑하는 아이의 마음을 그린 Anthony Browne(앤서니 브라운)의 그림책입니다. 엄마를 소개하고 묘사하는 다양한 말과 비유 표현을 통해 단어를 확장하기 좋습니다. 세밀하게 묘사된 그림을 천천히 살펴보며 감상하는 것도 이 책을 읽는 좋은 방법이 됩니다. 범주에 따라 어휘를 분류하고, 가족에 관한 다양한 어휘를 모아 시를 써보는 활동을 통해 가족에 대한 사랑을 느끼고 표현해보는 수업을 할 수 있습니다.

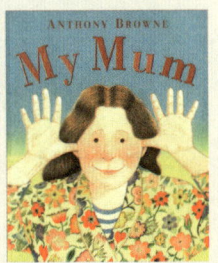

My Mum

어휘 및 표현

My mom's a + 형용사 + 명사.
nice, fantastic, brilliant, great, strongest, comfy, soft, tough, cook, painter, gardener, dancer, astronaut, film star, boss, juggler, fairy, angel, armchair, lion, butterfly, kitten, rhino, grow, roar, laugh

그림책 활동

읽기 전 단어 분류하기(Words Grouping)

엄마를 빗대어 묘사한 다양한 표현을 통해 관련 어휘를 함께 익힐 수 있습니다. 단어 카드를 범주에 따라 분류하는 활동을 하며 뜻을 탐색하게 합니다.

 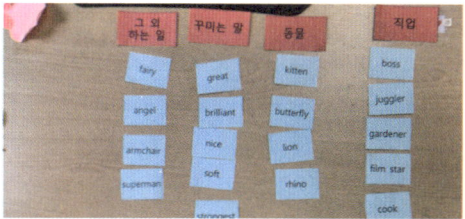

Teacher's talk

Look at the words and sort them by category according to their meanings.
낱말을 살펴보고 뜻에 따라 범주로 분류해 보세요.

읽기 중 비유 표현 찾으며 읽기

엄마를 비유한 단어를 찾으며 읽기를 연습합니다. 읽기 전 범주에 따라 분류했던 단어에서 힌트를 얻게 할 수 있습니다.

책의 문장	단어
My mom's a fantastic _____. She can sing like an _____.	cook angel

Teacher's talk

As you read, fill in the blanks with the correct words about mom.
읽으면서 엄마에 관한 알맞은 단어를 빈칸에 넣어 읽으세요.

[읽기 후] 가족 소개 글쓰기

책의 문장을 활용한 유도된 글쓰기로 가족을 소개해 봅니다. 다양한 비유 표현으로 가족 구성원 중 한 명을 소개하는 시를 쓰고, 친구들과 공유합니다.

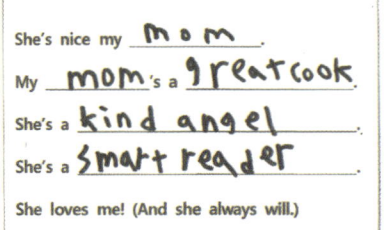
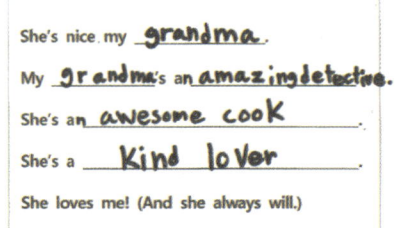

Teacher's talk

Think of some words and write about your family.
단어를 떠올리고 가족에 대해 써보세요.

[읽기 후] 아크로스틱(Acrostic Poem) 짓기

아크로스틱(Acrostic)은 N행시와 비슷한 개념으로 단어의 첫 글자로 시작하는 각 행으로 전체의 큰 의미를 다시 만들어내는 글쓰기 활동입니다. 모둠별로 한 글자씩 맡아 그 글자로 시작하는 단어를 골고루 모읍니다. 이때, 주제와 관련성이 높은 단어를 많이 모을수록 시에 활용하기 좋다는 점을 강조합니다. 결과물을 표로 도식화하여 전체가 볼 수 있게 합니다.

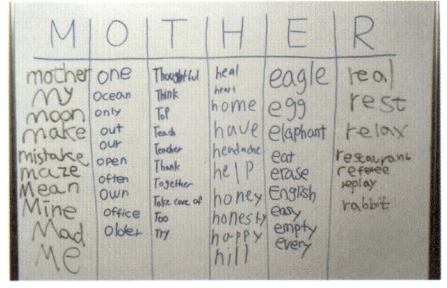
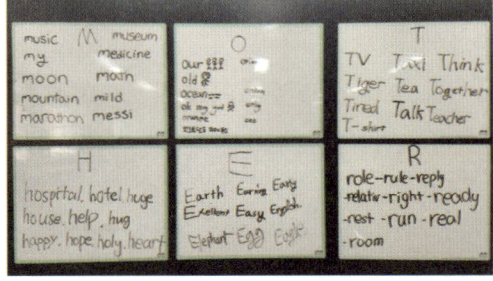

문장을 만들어 연결하며 전체 글의 흐름 속에서 주제가 드러나도록 합니다. 필요한 단어를 골라 연결 짓는 과정에서 활발히 상호작용하며 표현력을 키울 수 있습니다.

  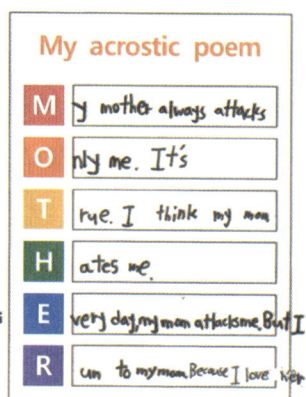

> **Teacher's talk**
>
> Collect topic-related words that begin with the letter of each group.
> 각 모둠의 글자로 시작하는 주제 관련 단어를 모으세요.
>
> Help each other to create an acrostic poem about 'mother'.
> 친구들과 함께 엄마에 관한 아크로스틱 시를 지어보세요.

아이들의 한 뼘 성장

- 친구들과 힘을 합쳐 멋진 시를 완성할 수 있어서 뿌듯했다.
- 영어에도 삼행시 같은 게 있어서 신기하다. 다른 시도 지어보고 싶다.

74

스승의 날

그림책 소개 및 활용

Peter Brown(피터 브라운)의 그림책으로 무섭게만 느껴졌던 선생님과 우연한 계기로 가까워지게 되는 Bobby의 이야기입니다. 독특하고 코믹하게 표현된 몬스터의 삽화 덕분에 아이들이 흥미를 가지고 볼 수 있습니다. 몬스터에서 사람으로 변해가는 선생님의 모습을 통해 사제간의 관계를 회복하고 서로를 이해하는 데 도움이 됩니다. 시간의 흐름에 따라 변화하는 주인공과 선생님의 관계에 주목하며, 기억에 남는 선생님을 떠올리고 표현하는 수업으로 활용합니다.

My Teacher Is a Monster!

어휘

problem, move, lose, stomp, roar, children, airplane, monster, park, forget, terrible, surprise, hide, worse, enormous, strange, silence, favorite, hero, spot, careful, flew, ready

그림책 활동

읽기 전 단어연상 이야기 짓기

이야기의 핵심 단어를 보고 짧은 이야기를 짓습니다. 책의 내용과 상관없이 단어를 선택하여 창의적으로 이야기를 만들게 합니다. 단어를 미리 살펴보며 자신만의 아이디어를 구상하는 사이 이야기에 대한 호기심이 생기고 기대감이 높아집니다. 학습자의 수준에 따라 우리말로 쓰게 하거나 우리말과 영어를 섞어서 활동해도 좋습니다.

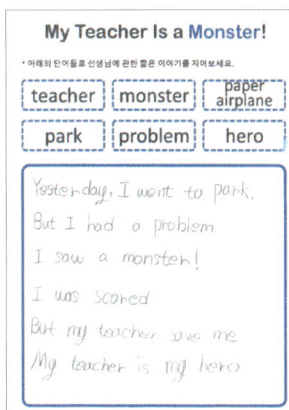 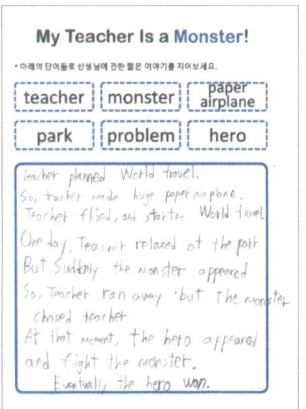

Teacher's talk

Make a short story using the key words of the book.
이야기의 핵심 단어들을 사용하여 짧은 이야기를 지으세요.

It's okay to be different from the book, be creative.
책의 내용과 달라도 좋으니, 창의적으로 표현해 보세요.

읽기 중 이야기 속 선생님을 관찰하며 읽기

장면이 바뀔 때마다 조금씩 변하는 선생님의 모습을 살피면서 읽어봅니다. 몬스터와 사람의 모습을 오가는 인물 묘사는 선생님에 대한 주인공의 심리적 거리를 의미하므로 이야기의 메시지를 파악하는 데도 도움이 됩니다.

> **Teacher's talk**
>
> Take a look at how the teacher's face changes.
> 선생님의 얼굴이 어떻게 변하는지 살펴보세요.

읽기 후 선생님은 몬스터! 선생님은 천사!

선생님의 변화 과정을 떠올리며, 언제 선생님이 다르게 느껴지는지 아이디어를 모읍니다. 무서운 선생님과 친절한 선생님의 모습을 대비시키는 활동을 통해 결과적으로는 학생들이 자신의 태도와 행동을 돌아보는 계기가 되게 합니다.

> **Teacher's talk**
>
> Is your teacher always the same to you?
> 선생님은 여러분에게 항상 같은 모습인가요?
>
> When do you think the teacher looks different?
> 선생님의 모습이 언제 달라진다고 생각하나요?

> **읽기 후** 책 표지 바꾸기

기억에 남는 선생님 또는 내가 바라는 선생님의 모습을 대상에 비유하여 책 표지로 꾸며봅니다. 구체적인 사물이나 인물을 예시로 안내하고 선생님과의 추억을 떠올리며 아이디어를 발산할 수 있게 유도합니다. 학습자의 수준에 따라 비유한 이유를 함께 써보게 할 수 있습니다. 꾸민 책 표지를 소개하며 선생님에 대한 고마움을 나눕니다.

Teacher's talk

Think of your favorite or a memorable teacher.
기억에 남는 선생님을 떠올려보세요.

Create a book cover using an object that describes the teacher.
선생님을 표현하는 다른 대상을 사용해서 여러분만의 책 표지를 만들어 보세요.

아이들의 한 뼘 성장

- 우리가 바르게 행동하면 무서운 선생님도 사실은 친절하시다는 걸 알 수 있다.
- 책 표지에 있는 선생님을 다른 걸로 비유해서 표현하는 활동이 재미있었다.

75

어린이날

그림책 소개 및 활용

어린이의 실수나 예의 없는 행동에 대해 어른들은 늘 다그치고 야단칩니다. 그러나 어른들은 절대로 실수하거나 잘못하지 않을까요? 완벽해 보이지만 실제로는 그렇지 못한 어른들의 모습을 아이들의 시선에서 풍자적으로 풀어낸 Davide Cali(다비드 칼리)의 그림책입니다. 인간적인 어른의 모습에 위로받기도 하고 코믹하게 표현된 상황에 통쾌해하기도 할 아이들을 위해 어린이날 함께 읽기 좋습니다.

Grown-ups Never Do That

어휘

grown-up, never, adult, misbehave, selfish, yell, cry, interrupt, clumsy, funny, lose temper, wrong, cheat, sulk, forget, blame, messy, late, with one's mouth full, burp, complain, wake up, neglect, chore, waste, litter

그림책 활동

읽기 전 어른 vs. 어린이

실수나 잘못에 관한 어휘 목록을 보며 어른과 어린이 중 누구에게 더 가까운 표현인지 표시해봅니다. 어른과 어린이의 행동을 비교하면서 자연스럽게 책의 어휘를 살피고 이야기를 예상하게 합니다.

Teacher's talk

Look at the words about mistakes or wrong behaviors.
실수나 잘못된 행동에 관한 표현을 살펴보세요.

Do you think they are more related to grownups or children?
이 표현들이 어른과 어린이 중 어느 쪽에 더 가깝다고 생각하나요?

읽기 중 그림 찾으며 읽기

장면마다 어른들의 위선적인 모습을 몰래 관찰하는 어린이 증인이 등장합니다. 반복하여 읽을 때 맨 뒷장에서부터 시작해 반대로 읽으며 다시 찾아보는 활동을 할 수 있습니다.

> **Teacher's talk**
>
> Find the child detectives who are hiding and watching.
> 몰래 지켜보고 있는 어린이 탐정들을 찾아보세요.

읽기 후 타블로 장면 표현하기

장면을 정지 동작으로 나타내는 타블로(Tableau) 기법으로 표현을 익힙니다. 모둠별로 장면을 하나씩 선택하여 표현하고 나머지는 어떤 문장인지 알아맞힙니다. 교사가 정지한 학생들을 터치하면 신체를 움직이며 장면을 재생시켜 정답을 확인합니다. 문장을 쓸 때 읽기 전에 활용했던 활동지를 참고하게 할 수 있습니다.

They never cry.

They never blame.

Group	Sentences	O/X
1	They never complain.	O
2	They never sulk.	O
3	They never lose temper.	O
4	They never blame.	O
5	They never cheat.	O
6	They never ~~misbehave~~. They are never messy	X
	Total Score	

> **Teacher's talk**
>
> Talk about the scene in groups and act it out without speaking.
> 모둠별로 장면을 상의하여 대사 없이 표현하세요.
>
> Watch the silent play and write a sentence describing the scene.
> 무언극을 보고 어떤 장면인지 쓰세요.

읽기 후 우리가 바라는 어른의 모습

어른들의 모습을 비꼬는 책의 내용과 반대로, 아이들이 바라는 진짜 어른의 모습을 찾아봅니다. 포스트잇 이젤 패드 또는 전지를 여러 줄로 접은 뒤 한 줄씩 문장을 표현하여 목록을 만들고 다른 모둠 친구들에게 소개합니다.

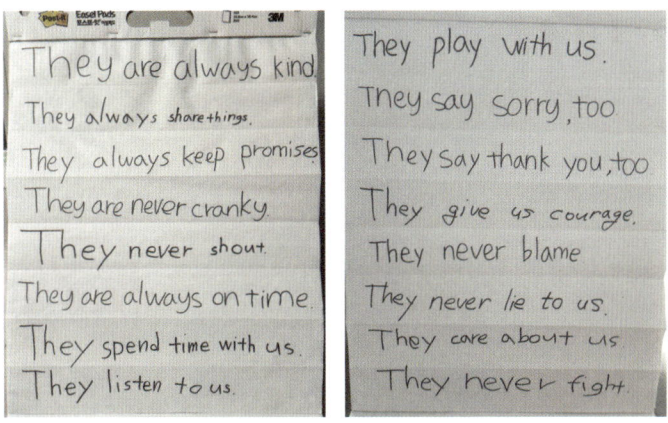

우리가 꿈꾸는 진짜 어른의 모습

> **Teacher's talk**
>
> **What kind of adult do you hope to see?**
> 여러분이 바라는 어른은 어떤 모습인가요?
>
> **Gather opinions in your group and read them together.**
> 모둠에서 의견을 모으고 함께 읽어보세요.

아이들의 한 뼘 성장

- 그림이 너무 웃겨서 엄마 아빠한테도 보여주고 싶다.
- 어른이든 어린이든 잘못한 게 있으면 인정하는 게 중요한 것 같다.

76

나눔과 공존

그림책 소개 및 활용

　세상의 아름다움을 감탄하던 다섯 요괴가 각자 좋아하는 것을 가져가면서 벌어지는 이야기입니다. 아름다움이 사라진 세상의 모습을 통해, 있는 그대로의 자연을 보전하고 나누는 삶에 대해 생각해 볼 수 있습니다. 자연을 소유한 실수를 깨닫고 이를 되돌리려는 요괴들의 모습에서 소유와 공존에 관한 깊이 있는 메시지를 나누기 좋은 책입니다. 나누며 함께 살아가는 것의 의미를 알고, 자연을 함께 지켜가는 것의 가치를 배우는 수업으로 활용합니다.

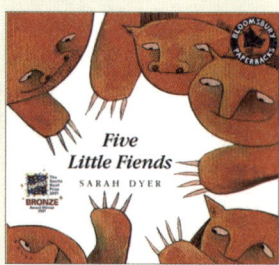

Five Little Fiends

어휘 및 표현

One took the + 명사.
statue, fiend, marvel, surroundings, take, sun, sky, land, moon, sea, admire, stay up, without, found, start, die, flow, pull, glow, decide

그림책 활동

읽기 전 소유를 구분하기

　세상에 아름답고 소중한 것들에 대해 생각하고, 내가 소유해도 되는 것인지, 함께 나누어야 하는 것인지를 구별해봅니다. 함께 나누어야 하는 것으로 분류되는 다섯 가지 단어가, 책에서 요괴들이 가져가는 자연물이므로 책의 내용을 자연스럽게 예상하고 연결할 수 있습니다.

Teacher's talk

Sort out what you can have alone and what you cannot.
내가 혼자 가져도 되는 것과 그렇지 않은 것으로 구분해 보세요.

읽기 중 그림 보고 질문하며 읽기

　요괴들이 자연물을 가져가는 모습이 책에 기발하게 묘사되어 있습니다. 순수한 발상의 삽화를 충분히 감상하도록 천천히 보여주며 질문으로 참여를 끌어냅니다.

장면	교사 질문	학생 대답
손을 뻗어 해를 잡는 그림		sun
하늘을 포개어 접는 그림		sky
땅을 말아 접는 그림	What did the fiend take?	land
컵에 바다를 담은 그림		sea
뜰채로 달을 뜨는 그림		moon

읽기 중 원인과 결과 연결하기

다섯 요괴가 가져간 자연물과 그 결과의 짝을 맞춥니다. 일의 원인과 결과를 확인하고 연결하는 활동을 통해 문장의 의미를 집중하여 살필 수 있게 합니다.

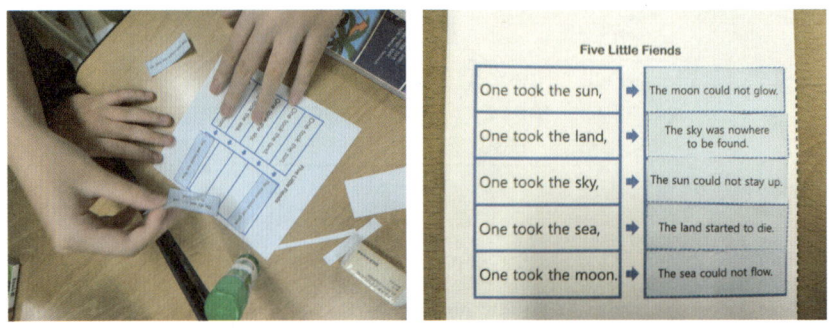

문장을 연결한 후에는 짝과 역할을 나누어 원인과 결과 읽기를 연습합니다.

Teacher's talk

What did the five fiends take?
다섯 요괴는 무엇을 가져갔나요?

Read the story and match the results to each sentence.
이야기를 읽으며, 문장에 맞는 결과를 연결해 보세요.

읽기 중·후 SWBST 전략으로 이야기 요약하기

SWBST(Someone, Wanted, But, So, Then)는 읽기 중이나 후에 이야기의 구조를 이해하는 데 도움을 주는 전략으로 줄거리를 요약하기에도 효과적입니다. 다섯 단계의 질문에 대한 답을 찾으며 이야기를 깊이 있게 이해하고 자연스럽게 줄거리를 요약합니다.

단계	예시 질문	예시 답
Someone	Who is the main character? 주인공은 누구인가요?	Five little fiends
Wanted	What did they want or need? 무엇을 원했나요?	They took the five natures.
But	What was the problem? 그런데 어떤 문제가 생겼나요?	The world was not okay.
So	What did they do about it? 그래서 어떻게 했나요?	They put everything back.
Then	What was the resolution? 결국 어떻게 해결되었나요?	The world became beautiful again.

이야기 요약 예시
Five little fiends took the five natures. But the world was not beautiful. So they put everything back. Then the world became beautiful again

> **Teacher's talk**
>
> **Answer the five questions about the story.**
> 이야기를 떠올리며 단계별 질문에 답해보세요.
>
> **Summarize the story based on your answer.**
> 쓴 답을 바탕으로 이야기를 요약해보세요.

읽기 후 내가 만약 요괴라면

꼬마 요괴가 되어 일어날 일을 상상하고 한 장면 더하기로 이야기를 만듭니다. 서로의 이야기를 통해 소중한 것을 확인하고 공존의 가치를 내면화합니다.

Teacher's talk

If you were a fiend, what would you take?
여러분이 요괴라면, 무엇을 가져갈 것 같나요?

Create your story and share it with your friends.
이야기를 만들고 친구들과 나눠보세요.

아이들의 한 뼘 성장

- 자연은 함께 나눌 때 더 아름답다는 걸 배웠다.
- 내가 요괴라면 무엇을 가져갈지 상상하는 것이 재미있었다.